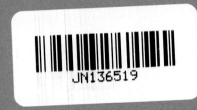

国《こく》際《さい》化《か》の時《じ》代《だい》に
生《い》きるための

Q&A 4

合意《ごうい》ってなに？
なぜだいじなの？

ルイーズ・スピルズベリー
ヤズ・ネジャティ 著

小島亜佳莉 訳

What is Consent?

創元社

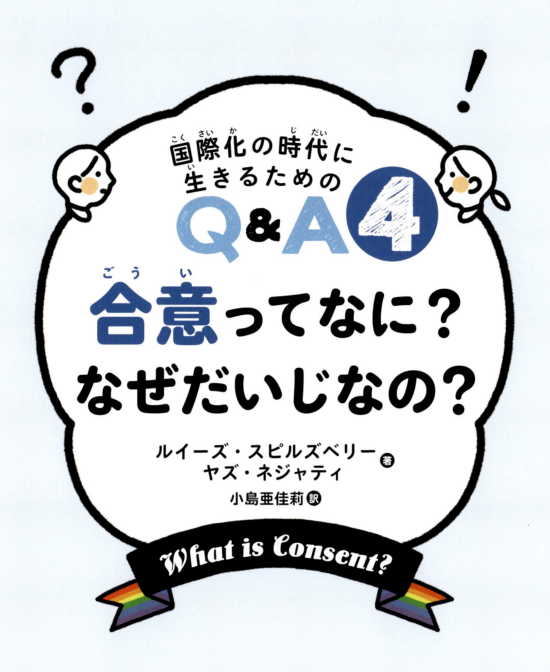

What is consent? Why is it important? And other big questions
by Louise Spilsbury and Yas Necati

目次《もくじ》

色付《いろつ》きの文字《もじ》の説明《せつめい》は46ページにあります。
※は編集部《へんしゅうぶ》による注《ちゅう》です。

はじめに

あなたはこれまでに、ほんとうはやりたくないことを人《ひと》に言《い》われてやったことはありますか？　ほんとうは「いやだ」と思《おも》ったことを「いいよ」と言《い》うことはありますか？　もし誰《だれ》かがなにかをすることをいやがっていたとして、それでもその人《ひと》にそれをするように説得《せっとく》しようとしたことはありますか？

この本《ほん》の目的《もくてき》は、あなたに「合意《ごうい》」について考《かんが》え、話《はな》し合《あ》ってもらうことです。合意《ごうい》とは、どういう時《とき》に使《つか》われるのでしょうか？　なぜ大切《たいせつ》なのでしょうか？

これまで合意《ごうい》という言葉《ことば》を聞《き》いて、どういう意味《いみ》か不思議《ふしぎ》に思《おも》ったことがあるかもしれません。例《たと》えば、結婚式《けっこんしき》で新郎新婦《しんろうしんぷ》が誓《ちか》いの言葉《ことば》を言《い》うのを聞《き》いたことがあるでしょうか。あれはお互《たが》いの合意《ごうい》を確認《かくにん》する一《ひと》つの例《れい》です。もしくは、あなたがインターネットを使《つか》ってなにかを見《み》る時《とき》に、「保護者《ほごしゃ》の同意《どうい》」が必要《ひつよう》な時《とき》があるかもしれません。この「同意《どうい》」も合意《ごうい》と同《おな》じように使《つか》われる言葉《ことば》です。

「同意《どうい》」や「合意《ごうい》」という言葉《ことば》の意味自体《いみじたい》はそんなに難《むずか》しいものではありません。でも、実際《じっさい》に合意《ごうい》を得《え》られるか、得《え》られないのか、どんな時《とき》に、どのように得《え》られるのかを考《かんが》えていくと、少《すこ》しややこしい話《はなし》になります。合意《ごうい》がほんとうに意味《いみ》すること、なぜそれほど大切《たいせつ》なのかを理解《りかい》することは、そんなに簡単《かんたん》ではありません。

“合意《ごうい》とは、ノーがないということではありません。イエスがあるということなのです”

エリン・ライアダン、作家《さっか》

ザラ・トッド ➡p.22

ヤズ・ネジャティ ➡p.8

わたし達《たち》は子《こ》どもの頃《ころ》からこう教《おし》えられて育《そだ》ったはずです。もし誰《だれ》かが「ノー」と言《い》ったら、どうしてなのかその人《ひと》の話《はなし》を聞《き》く必要《ひつよう》がある、と。「ノー」が意味《いみ》することは「ノー」なのです。これは合意《ごうい》におけるとても重《じゅう》要《よう》なポイントです。

このように、自分《じぶん》や相手《あいて》がどう思《おも》っているのか、それに対《たい》してきちんと議論《ぎろん》がなされればいいですが、残念《ざんねん》ながらいつもそうとは限《かぎ》りません。誰《だれ》かがはっきりノーと否定《ひてい》しなければ、それは合意《ごうい》を意味《いみ》すると思《おも》ってしまう人《ひと》がときどきいます。しかし合意《ごうい》とは、ほんとうはもっと複雑《ふくざつ》なものなのです。

この本《ほん》の役割《やくわり》

この本《ほん》では、合意《ごうい》という言葉《ことば》がなにを意味《いみ》するのか、そしてそれがどうしてそんなに大切《たいせつ》なのかということを見《み》ていきます。

この本《ほん》で学《まな》ぶのは次《つぎ》のようなことです。あなたにとって合《ごう》意《い》とはなにか。あなたが合意《ごうい》したかどうかや、あなたの気持《きも》ちをどうやって伝《つた》えるのか。もし誰《だれ》かが、あなたがいやだと思《おも》うことをやらせようとしたらどうしたらいいのか。誰《だれ》かが合意《ごうい》しない時《とき》にはどのように理解《りかい》すればいいのか——。

また、合意《ごうい》が大《おお》きな力《ちから》を持《も》つのはどんな時《とき》か、**性《せい》に関《かん》する合意《ごうい》**、薬《くすり》や治療《ちりょう》など**医療《いりょう》に関《かん》する合意《ごうい》**、また**オンライン上《じょう》の合意《ごうい》**などを見《み》ていきます。そして次《つぎ》の疑問《ぎもん》についても考《かんが》えていきます。ほんとうは合意《ごうい》されていない合意《ごうい》ってどんなこと？合意《ごうい》がうまくいかない時《とき》、わたし達《たち》になにができるの？

デイヴィッド・バートレット ➡p.14

ルイーズ・スピルズベリー ➡p.10

ヒボ・ワーデア ➡p.36

メディア、政治《せいじ》、医療《いりょう》など多様《たよう》な分野《ぶんや》の人々《ひとびと》が、合意《ごうい》が意味《いみ》すること、それがそれぞれの分野《ぶんや》やわたし達《たち》の生活《せいかつ》にどのように関《かか》わってくるのかについて発言《はつげん》しています。この本《ほん》では、彼《かれ》らのインタビューも読《よ》むことができます。さまざまな人《ひと》の言葉《ことば》を紹介《しょうかい》しながら、合意《ごうい》に関《かん》する問題《もんだい》を考《かんが》えるために知《し》ってほしい大切《たいせつ》なこと、考《かんが》えてほしい疑問《ぎもん》などを投《な》げかけていきます。

合意《ごうい》ってなに？

「合《ごう》意《い》」という言葉《ことば》には次《つぎ》のような意味《いみ》があります。「なにか起《お》こることに対《たい》して許可《きょか》を与《あた》える」。あらゆる状況《じょうきょう》の中《なか》で、人々《ひとびと》は合意《ごうい》するか、もしくはそれを拒否《きょひ》することがあります。例《たと》えばもし誰《だれ》かがあなたに「あなたの自転車《じてんしゃ》を貸《か》して」と言《い》ったとします。あなたは「いいよ」と言《い》ってその人《ひと》が自転車《じてんしゃ》を使《つか》うことに合意《ごうい》します。ある女《おんな》の子《こ》が男《おとこ》の子《こ》に「わたしのボーイフレンドになって」と言《い》った時《とき》に、男《おとこ》の子《こ》が「ノー」と言《い》ったら、その女《おんな》の子《こ》と恋人関係《こいびとかんけい》になることに対《たい》して合意《ごうい》を拒否《きょひ》したことになります。

合意《ごうい》という言葉《ことば》の意味《いみ》は一見《いっけん》シンプルですが、実際《じっさい》はもう少《すこ》し複雑《ふくざつ》です。合意《ごうい》を説明《せつめい》する言葉《ことば》に「**熱意《ねつい》ある合意《ごうい》**」というものがあります。これは、合意《ごうい》というものが常《つね》にその場《ば》でまさに起《お》きている進行中《しんこうちゅう》のできごとだということと関係《かんけい》があります。合意《ごうい》とは、ある人《ひと》があることがらに対《たい》して「イエス」と言《い》うかどうかを自由《じゆう》に選択《せんたく》できることです。人々《ひとびと》はなにかに合意《ごうい》する時《とき》、その選択《せんたく》がなにをもたらすのかをしっかり理解《りかい》した上《うえ》で、心《こころ》から納得《なっとく》して合意《ごうい》することが必要《ひつよう》です。

だからもし、ある人《ひと》がなにかに合意《ごうい》したとしてもそれが誰《だれ》かに押《お》し付《つ》けられた場合《ばあい》や、断《ことわ》ることを悪《わる》いと感《かん》じて拒否《きょひ》できなかった場合《ばあい》、それは合意《ごうい》ではありません。もしその合意《ごうい》の意味《いみ》をきちんと理解《りかい》していなかった場合《ばあい》や、断《ことわ》るのが怖《こわ》かった場合《ばあい》にも、それは合意《ごうい》とは認《みと》められません。たとえ誰《だれ》かが「イエス」と言《い》ったとしても、その人《ひと》がほんとうに心《こころ》から自由《じゆう》な意思《いし》で決定《けってい》したものでなければ、その合意《ごうい》は合意《ごうい》とはみなされないのです。

“合意《ごうい》とはとても重要《じゅうよう》なことです。それは個人《こじん》が常《つね》に持《も》つ権利《けんり》です。自分自身《じぶんじしん》に対《たい》してなにが起《お》こるかを決《き》める権利《けんり》なのです。誰《だれ》かに対《たい》して、本人《ほんにん》がやりたくないと思《おも》っていることをやらせようとするのはどんな時《とき》でも良《よ》いことではありません”

パヴァン・アマラ、活動家《かつどうか》

合意《ごうい》は人生《じんせい》の重大《じゅうだい》な決定《けってい》を担《にな》います。例《たと》えば手術《しゅじゅつ》をおこなうかどうか、結婚《けっこん》するかどうかなどです。一方《いっぽう》で合《ごう》意《い》は日常生活《にちじょうせいかつ》でも大切《たいせつ》なことです。それは他人《たにん》との関《かか》わりにおいて、常《つね》に生《しょう》じることです。あなたがバスに乗《の》る時《とき》、それはバスの運転手《うんてんしゅ》にあなたが決《き》めた停留所《ていりゅうじょ》まで連《つ》れて行《い》ってもらうことに合意《ごうい》することを意味《いみ》します。あなたがお店《みせ》でお金《かね》を払《はら》ってなにかを買《か》う時《とき》、あなたはその商品《しょうひん》がなんであれ、そのなにかとお金《かね》を交換《こうかん》することに合意《ごうい》しているのです。

日常《にちじょう》のさまざまな状況《じょうきょう》において、あなたはいろいろなことに簡単《かんたん》に合意《ごうい》しています。しかし、中《なか》には自分《じぶん》の決定《けってい》や合意《ごうい》の拒否《きょひ》に関《かん》して、もっとよく考《かんが》えなければいけない場合《ばあい》もあります。それは他《ほか》の人《ひと》があなたと同《おな》じように持《も》っている権利《けんり》を尊重《そんちょう》するために、大切《たいせつ》なことなのです。

合意《ごうい》のためのキーワード

- **能力《のうりょく》**：人《ひと》が合意《ごうい》をするためには、その合意《ごうい》に関《かか》わる情報《じょうほう》を理解《りかい》できることが必要《ひつよう》です。十分《じゅうぶん》に理解《りかい》をした上《うえ》で、合意《ごうい》するかしないかを決定《けってい》できるのです。つまり、人《ひと》がもし眠《ねむ》っていたり意識《いしき》がない状態《じょうたい》だったり、酔《よ》っぱらっていたり、もしくは精神的《せいしんてき》にそれを理解《りかい》し決定《けってい》できる状態《じょうたい》でない場合《ばあい》には、その人《ひと》は合意《ごうい》に関《かん》する決定《けってい》ができる状況《じょうきょう》とは言《い》えません。

- **自発性《じはつせい》**：合意《ごうい》が正《ただ》しく効力《こうりょく》を持《も》つためには、**自発的《じはつてき》**な決定《けってい》でなければいけません。その決定《けってい》は、合意《ごうい》する本人《ほんにん》によるものだということは当然《とうぜん》で、友《とも》達《だち》や家族《かぞく》、または他人《たにん》に押《お》し付《つ》けられたものであってはいけません。

- **情報《じょうほう》**：合意《ごうい》の決定《けってい》をする人《ひと》は、その決定《けってい》によってもたらされる利点《りてん》もリスクも知《し》っている必要《ひつよう》があります。合意《ごうい》した場合《ばあい》、またしなかった場合《ばあい》になにが起《お》こる可能性《かのうせい》があるのか、ということです。

わたしの考《かんが》える「合意《ごうい》」

ヤズ・ネジャティ

ヤズ・ネジャティは合意《ごうい》に関《かん》して学校《がっこう》で十分《じゅうぶん》な教育《きょういく》がなされていないと感《かん》じ、学校《がっこう》に行《い》くのをやめました。ヤズは現在《げんざい》、学校《がっこう》の教育《きょういく》カリキュラムで合意《ごうい》について学《まな》ぶことを取《と》り入《い》れるために活動《かつどう》したり、性教育《せいきょういく》や人《ひと》との関係《かんけい》づくりに関《かん》する教育《きょういく》をもっと良《よ》くしていくための**キャンペーン**をおこなっています。

個人《こじん》の境界線《きょうかいせん》

自分《じぶん》だけの個人《こじん》の空間《くうかん》と他人《たにん》をへだてる「**個人《こじん》の境界線《きょうかいせん》**」はみんなそれぞれ違《ちが》います。例《たと》えば、わたしはあまりよく知《し》らない人《ひと》でも平気《へいき》でハイタッチできます。でもそれがあまり好《す》きではない人《ひと》もいます。わたしが全然平気《ぜんぜんへいき》だと思《おも》うこともあれば、逆《ぎゃく》にあまり気持《きも》ちいいと思《おも》えないこともあります。わたしは背《せ》が低《ひく》めですが、体《からだ》が大《おお》きな人《ひと》によりかかられたり、目《め》の前《まえ》に立《た》ちはだかれて見下《みお》ろされたりすることは好《す》きではありません。

ときどき満員電車《まんいんでんしゃ》に乗《の》ると、知《し》らない人《ひと》がどうにかしてつり革《かわ》を掴《つか》もうと、おおいかぶさるようによりかかって来《き》て、その人《ひと》の脇《わき》の下《した》で目的地《もくてきち》までじっとしていなければいけない時《とき》があります。わたしはそういう時《とき》、自分《じぶん》だけのプライベートな空間《くうかん》に無《む》理矢理《りやり》入《はい》り込《こ》まれたみたいに感《かん》じてとても

考《かんが》えてみよう

あなたがなにかに合意《ごうい》をして、うれしくなるようなことはどんなことですか？

あなたがなにかに合意《ごうい》をして、誰《だれ》か別《べつ》の人《ひと》をうれしくさせるようなことはどんなことですか？

苦手《にがて》です（しかもあまり良《よ》くない臭《にお》いがすることもあるし！）。

でも同《おな》じことでも、とくになにも気《き》にならない人《ひと》もいるかもしれません。個人《こじん》の境界《きょうかい》線《せん》について、なにが心地《ここち》良《よ》くてなにが不快《ふかい》かというのは、人《ひと》それぞれ違《ちが》うのだと思《おも》います。なにが良《よ》くてなにがいやなのかを決《き》めるのは自分自身《じぶんじしん》だということを覚《おぼ》えておくことが大切《たいせつ》です。

個人《こじん》の境界線《きょうかいせん》は変化《へんか》する？

わたし達《たち》がそれぞれ持《も》つ個人《こじん》の境界線《きょうかいせん》は、状況《じょうきょう》によって変化《へんか》します。自分《じぶん》が相手《あいて》のことをどれだけよく知《し》っているか、相手《あいて》の言《げん》動《どう》に対《たい》して自分《じぶん》がどれだけ心地《ここち》良《よ》いと感《かん》じるか、心《こころ》を許《ゆる》せるかによって変《か》わるのです。

もし知《し》らない人《ひと》や親《した》しくない人《ひと》が急《きゅう》に近《ちか》づいてきてなにも言《い》わずにハグしてきたら、わたしはいい気持《きも》ちはしないでしょう。もしその状況《じょうきょう》で「ハグしてもいい？」と聞《き》かれたとしても、ノーと言《い》うかもしれません。やはりいい気持《きも》ちはしないからです。

でもいつもハグをしている仲良《なかよ》しの友達《ともだち》なら、なにも言《い》わずにハグしてきても平気《へいき》です。親《した》しい友達《ともだち》とのハグは、自分《じぶん》が愛《あい》されていると感《かん》じて幸《しあわ》せな気持《きも》ちになるので、楽《たの》しむことができます。

あなたがもし友達《ともだち》からハグされることが苦手《にがて》だとしたらどうですか？

仲《なか》の良《よ》い友達《ともだち》であっても、これまで何度《なんど》もハグしたことがある人《ひと》でも、ときどきあまりハグしたくないなと思《おも》ったり、ハグしても気持《きも》ちいいと思《おも》えないことがあります。

相手《あいて》が誰《だれ》であろうと、どれだけ親《した》しい人《ひと》であろうと、もしそれがあなたをいやな気《き》持《も》ちにさせるのであれば、それをする必要《ひつよう》はありません。その相手《あいて》がほんとうに良《よ》い友達《ともだち》であれば、きっと理解《りかい》してくれるはずです。あなたをいやな気持《きも》ちにさせることはしたくないと思《おも》うのが、友達《ともだち》だからです。

あなたの体《からだ》はあなたのもの

あなたの体《からだ》はあなたのものだということをいつも覚《おぼ》えておいてください。他《ほか》の人《ひと》とどのように接《せっ》するか、それを決《き》めるのはあなたです。なにが気持《きも》ち良《よ》く感《かん》じるか、そうでないかは、あなただけがわかることなのです。

だからもしなにか少《すこ》しでもいやだなと感《かん》じたら、または気持《きも》ちいいなと感《かん》じたら、自分《じぶん》の気持《きも》ちを信《しん》じてください。なにが正《ただ》しいかということを一番《いちばん》知《し》っているのはあなたなのです。

“個人《こじん》の境界線《きょうかいせん》や、なにがよくてなにがいやだと感《かん》じるか、それは個人《こじん》それぞれその人《ひと》しだいです”

わたしの考《かんが》える「合意《ごうい》」

ルイーズ・スピルズベリー

ルイーズ・スピルズベリーは作家《さっか》として20年《ねん》以上《いじょう》活躍《かつやく》し、その著書《ちょしょ》は200冊《さつ》以上《いじょう》にもなります。その内容《ないよう》は芸術《げいじゅつ》からワニ、社会問題《しゃかいもんだい》、動物《どうぶつ》園《えん》など幅広《はばひろ》く、とくに彼女《かのじょ》が強《つよ》く興味《きょうみ》を持《も》つテーマがフェミニズムです。

なぜ合意《ごうい》をめぐる問題《もんだい》が大切《たいせつ》なの？

わたしは合意《ごうい》に関《かん》する問題《もんだい》にとても関心《かんしん》を持《も》っています。これは一見《いっけん》、簡単《かんたん》でわかりやすいことのようにも思《おも》えますが、実際《じっさい》は違《ちが》います。合意《ごうい》は、自分《じぶん》を大切《たいせつ》にする気《き》持《も》ちや、自分《じぶん》への自信《じしん》と強《つよ》い結《むす》びつきがあります。合意《ごうい》を理解《りかい》することは自分自身《じぶんじしん》を知《し》ることです。また、誰《だれ》もが自分《じぶん》にとって良《よ》いと思《おも》うことやいやだと思《おも》うことを素直《すなお》に伝《つた》えるのは正《ただ》しいのだと知《し》ることです。

若《わか》い時《とき》、良《よ》い女《おんな》の子《こ》になるには、いつも人《ひと》の言《い》うことをすなおに聞《き》いて、誰《だれ》かのためになにかをしてあげたり、いつも他人《たにん》がなにを求《もと》めているか考《かんが》えたりすることを期《き》待《たい》されました。それから大人《おとな》になるうちに、合意《ごうい》の大切《たいせつ》さについてもっときちんと知《し》れたらいいのにと思《おも》うようになりました。

考《かんが》えてみよう

女《おんな》の子《こ》は男《おとこ》の子《こ》より優《やさ》しくなることを期待《きたい》されていると思《おも》いますか？　なぜそうなるのだと思《おも》いますか？　これは公平《こうへい》だと思《おも》いますか？

「優《やさ》しくする」のなにが問題《もんだい》？

他人《たにん》に優《やさ》しくしなさいといつも言《い》われることのなにが問題《もんだい》なのでしょうか。とくに女《おんな》の子《こ》や女性《じょせい》は、自分《じぶん》の感情《かんじょう》に対《たい》して正直《しょうじき》になれなくなってしまうことがよくあります。パーティに行《い》かない理由《りゆう》を考《かんが》えるのは、ただ「行《い》きたくない」と言《い》うのが「良《よ》くない」ことだと思《おも》うからです。誰《だれ》かが好《す》きなことを自分《じぶん》は好《す》きじゃないと言《い》うのはなんだか悪《わる》いと感《かん》じてしまうのです。

とくに女《おんな》の子《こ》は、自分《じぶん》の好《す》きなことややりたいことを人《ひと》に言《い》ったり頼《たの》んだりすることは良《よ》くないことだと言《い》われて育《そだ》てられることが多《おお》いと感《かん》じます。

これらのプレッシャーは、女《おんな》の子《こ》や女性《じょせい》が毎日《まいにち》のようにテレビ、映画《えいが》、その他《ほか》あらゆるメディアを通《つう》じて受《う》け取《と》る情報《じょうほう》から生《う》まれます。基本的《きほんてき》に、女《おんな》の子《こ》や女性《じょせい》は自分《じぶん》の気持《きも》ちや考《かんが》えに正直《しょうじき》になるよりも、他人《たにん》に優《やさ》しく、よくするように教《おし》えられます。

これはその女《おんな》の子《こ》や女性《じょせい》の周《まわ》りで自分《じぶん》の好《す》きなことをできる人々《ひとびと》にとってはつごうの良《よ》いことかもしれません。でも、このようなプレッシャーは女《おんな》の子《こ》や女性《じょせい》のためにはならないし、良《よ》いことではないのです。

合意《ごうい》はどのようにわたし達《たち》の力《ちから》になるの？

合意《ごうい》の大切《たいせつ》さを理解《りかい》すると、そこには個人《こじん》の感情《かんじょう》や欲求《よっきゅう》が関《かか》わっているということがわかります。合意《ごうい》について理解《りかい》することは、人《ひと》はみんな自分《じぶん》の感情《かんじょう》をまず大切《たいせつ》にする権利《けんり》があると知《し》ることでもあります。わたし達《たち》は自分《じぶん》の感情《かんじょう》や欲求《よっきゅう》が、他人《たにん》のものと同《おな》じように大切《たいせつ》だということを知《し》ってはじめて、誰《だれ》かと公平《こうへい》に話《はな》し合《あ》ってなにをするか決《き》めることができるのです。

> “女《おんな》の子《こ》や女性《じょせい》は自分《じぶん》の気持《きも》ちや考《かんが》えに正直《しょうじき》になるよりも、他人《たにん》に優《やさ》しく、よくするように教《おし》えられます”

誰《だれ》であっても、他人《たにん》のためになるような選択《せんたく》をすることを期待《きたい》されるのではなく、自分《じぶん》がなにをするか、なにに合意《ごうい》するのかを自分《じぶん》で決《き》める権利《けんり》があります。わたし達《たち》みんなが、それを知《し》る必要《ひつよう》があります。合意《ごうい》がなにを意味《いみ》するのか、そして自分《じぶん》が合意《ごうい》することに対《たい》して自分《じぶん》の感情《かんじょう》をきちんと知《し》って受《う》け止《と》めることが大切《たいせつ》です。

そうすることによって、女性《じょせい》であろうが男性《だんせい》であろうが、自分《じぶん》の感情《かんじょう》をためらわず言《い》えたり、自分《じぶん》の気持《きも》ちを守《まも》ったりするための自信《じしん》になるのです。これは、自分《じぶん》が自分《じぶん》であることを誇《ほこ》りに思《おも》うための助《たす》けにもなります。

合意《ごうい》を認識《にんしき》する

合意《ごうい》を示《しめ》す方法《ほうほう》はたくさんあります。それは必《かなら》ずしも言葉《ことば》で「イエス」と言《い》うわけではありません。はっきりと言葉《ことば》で表《あらわ》すのとは別《べつ》に、「**熱意《ねつい》ある合意《ごうい》**」をどのように認識《にんしき》するかを知《し》ることは、わたし達《たち》みんなが自分《じぶん》の選択《せんたく》に対《たい》して心《こころ》から幸《しあわ》せになるためにとても大切《たいせつ》です。これはそんなに難《むずか》しいことではありません。

熱意《ねつい》ある合意《ごうい》

なにかの質問《しつもん》や要求《ようきゅう》に対《たい》して、行動《こうどう》など目《め》に見《み》える形《かたち》で明《あき》らかなイエスを示《しめ》すことを「**熱意《ねつい》ある合意《ごうい》**」と呼《よ》びます。熱意《ねつい》ある合意《ごうい》を説明《せつめい》するのは簡単《かんたん》です。例《たと》えば誰《だれ》かをハグする時《とき》、くすぐる時《とき》、手《て》をつなぐ時《とき》、その他《ほか》相手《あいて》の**個人《こじん》の境界線《きょうかいせん》**の中《なか》に入《はい》るような時《とき》。

もしあなたが「さよならのハグをしてもいい？」と聞《き》けば、それは相手《あいて》に選択肢《せんたくし》を与《あた》えています。その時《とき》に相手《あいて》が合意《ごうい》すれば、「わたしもハグしたい！」とか「ハグしてもいいよ！」とか、はっきりイエスとわかるようなことを言《い》ったり、または行動《こうどう》で示《しめ》すでしょう。例《たと》えば、あなたに向《む》き合《あ》ってあなたの目《め》を見《み》ながらハグするために腕《うで》を広《ひろ》げるかもしれません。

相手《あいて》がそのようなリアクションをすれば、もちろんハグしても大丈夫《だいじょうぶ》です。そのように明《あき》らかに目《め》に見《み》える「イエス」の行動《こうどう》がなかったら、ハグをするべきではありません。そういう時《とき》は、相手《あいて》の反応《はんのう》と選択《せんたく》を受《う》け入《い》れて、ただ「しなくても大丈夫《だいじょうぶ》だよ」と言《い》えばいいのです。

相手《あいて》のサインを読《よ》みとる

相手《あいて》の反応《はんのう》がないからといって、それは「イエス」ということではありません。もし相手《あいて》がなにも言《い》わないのであれば、もちろん熱意《ねつい》をもって「イエス」と言《い》っていないということです。つまりそれは合意《ごうい》ではありません。また、ほんとうはそうではないのに「イエス」と言《い》う時《とき》もあります。

例《たと》えばハグしたいと言《い》った相手《あいて》をいやな気持《きも》ちにさせたくないと思《おも》ったり、もしくは自分《じぶん》がほんとうにハグしたいのかどうかよくわからなかったり、その他《ほか》いろんな理《り》由《ゆう》があるでしょう。もし相手《あいて》がイエスと言《い》ったとしても、相手《あいて》から伝《つた》わってくる他《ほか》のことから、それがほんとうにイエスではないということを読《よ》みとることはできます。

　人《ひと》は相手《あいて》に対《たい》して完全《かんぜん》に正直《しょうじき》になれない時《とき》、その**コミュニケーション**の半分以上《はんぶんいじょう》が**ボディランゲージ**によるものだと専門家《せんもんか》は考《かんが》えています。ボディランゲージとは、自《じ》分《ぶん》の気持《きも》ちを身振《みぶ》り手振《てぶ》りなど行動《こうどう》で表《あらわ》すことです。それは立《た》ち方《かた》であったり、腕《うで》をどのようにしているか、または顔《かお》の表情《ひょうじょう》だったりします。

　人《ひと》はいやな気持《きも》ちを感《かん》じた時《とき》や自分《じぶん》の気《き》持《も》ちに素直《すなお》になれない時《とき》に、それが行動《こうどう》に現《あらわ》れます。相手《あいて》がまゆをひそめたり、目《め》をそらしたり、うつむいて足下《あしもと》を見《み》たりしていないですか？　体《からだ》の前《まえ》で腕《うで》を組《く》んでいませんか？　あなたがハグしようとした時《とき》に、体《からだ》がこわばったり、引《ひ》き離《はな》そうとしたりしてないですか？

　これらはすべて「熱意《ねつい》ある合意《ごうい》」を示《しめ》していない明《あき》らかなサインです。そして「熱《ねつ》意《い》ある合意《ごうい》」でない限《かぎ》り、それは合意《ごうい》ではありません。

コミュニケーションの55パーセントはボディランゲージで、38パーセントは声《こえ》のトーン、そして7パーセントが実際《じっさい》に話《はな》される言葉《ことば》だと言《い》われています。

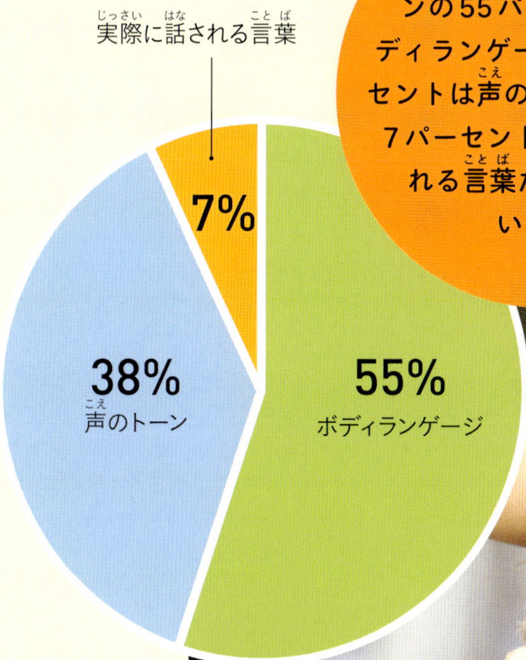

わたしの考《かんが》える「合意《ごうい》」

デイヴィッド・バートレット

デイヴィッド・バートレットはホワイトリボンキャンペーンの最高責任者《さいこうせきにんしゃ》を務《つと》めています。このキャンペーンは、女性《じょせい》や女《おんな》の子《こ》への暴力《ぼうりょく》を解決《かいけつ》するために男性《だんせい》や男《おとこ》の子《こ》に働《はたら》きかける活動《かつどう》をおこなっています。

合意《ごうい》とジェンダー

男《おとこ》の子《こ》は小《ち》さい時《とき》から、「男《おとこ》はこういうもの」という特定《とくてい》のジェンダー（社会的《しゃかいてき》につくられた性差《せいさ》）の役割《やくわり》にあてはまらなければいけないという圧力《あつりょく》を感《かん》じています。そこで言《い》われる役割《やくわり》の中《なか》には良《よ》いこともあります。例《たと》えば他人《たにん》を守《まも》ったり、安心《あんしん》や安全《あんぜん》を与《あた》えたりすることです。

でも中《なか》にはあまり良《よ》くないことや、男《おとこ》の子自身《こじしん》を困《こま》らせてしまうこともあります。例《たと》えば、男《おとこ》の子《こ》はいつでもタフで強《つよ》く誰《だれ》かに頼《たよ》られるべきで、とくに女《おんな》の子《こ》にはいじめられたりなめられたりしてはいけない、というようなことです。

恋愛《れんあい》や性的《せいてき》な関係《かんけい》において、男《おとこ》の子《こ》はリードすることが求《もと》められがちです。そのため男《おとこ》の子《こ》は女《おんな》の子《こ》に対《たい》して強引《ごういん》になってし

“「ノー」と言《い》うことは良《よ》いことなのです。「ノー」の気持《きも》ちを尊重《そんちょう》することは、良《よ》い関係《かんけい》のしるしなのです”

まうことがときどきあります。その理由《りゆう》の一《ひと》つには、拒否《きょひ》されるのが怖《こわ》いという気持《きも》ちがあります。相手《あいて》に「いやだ」と言《い》われるのが怖《こわ》いのです。

しかし相手《あいて》がいやがっている時《とき》、その気持《きも》ちを尊重《そんちょう》するのは大切《たいせつ》なことです。相《あい》手《て》が「ノー」と言《い》ったとしても、それはあなた自身《じしん》を否定《ひてい》しているわけではありません。

相手《あいて》も、あなたも、なにも悪《わる》くないのです。「ノー」と言《い》うことは良《よ》いことなのです。「ノー」の気持《きも》ちを尊重《そんちょう》することは、良《よ》い関係《かんけい》のしるしなのです。

もし男《おとこ》の子《こ》の合意《ごうい》の権利《けんり》が奪《うば》われたら

男《おとこ》の子《こ》の多《おお》くは、他人《たにん》に弱《よわ》みを見《み》せたり自分《じぶん》の問題《もんだい》を認《みと》めたりするべきではないのだと感《かん》じて育《そだ》ちます。そのため自分《じぶん》の感情《かんじょう》や困《こま》っていることを人《ひと》に話《はな》せないことがあります。もし男《おとこ》の子《こ》の合意《ごうい》の権利《けんり》を奪《うば》ってしまうと、彼《かれ》らはそれらを誰《だれ》にも話《はな》すことができなくなってしまいます。それは相手《あいて》にどう思《おも》われるかが怖《こわ》いからです。

男《おとこ》の子《こ》には、そんなことで悪《わる》く思《おも》われるのはおかしいのだと知《し》って安心《あんしん》してほしい。すべての人《ひと》が、自分《じぶん》の意見《いけん》を尊重《そんちょう》される権《けん》利《り》を持《も》っているのです。

自分《じぶん》の気持《きも》ちを話《はな》すことは、心《こころ》が強《つよ》いということであり、あなたを強《つよ》くします。正《しょう》直《じき》になることや、困《こま》っていることやつらいことに向《む》き合《あ》ってどうにかしようとする力《ちから》は、心《こころ》の強《つよ》さです。人間《にんげん》はみんななにかに悩《なや》むことがあります。男《おとこ》の子《こ》はこれまで自《じ》分《ぶん》の感情《かんじょう》に素直《すなお》になることが強《つよ》いことだとは教《おし》えられていないかもしれません。でもほんとうはそれこそが強《つよ》いことなのです。

> “相手《あいて》がいやがっている時《とき》、その気持《きも》ちを尊重《そんちょう》するのは大切《たいせつ》なことです”

考《かんが》えてみよう

男《おとこ》の子《こ》とはこういうもの、女《おんな》の子《こ》はこういうものという型《かた》にはまった考《かんが》えには、どんなものがありますか？

合意《ごうい》について話《はな》す時《とき》、そのような考《かんが》えはどのように関係《かんけい》すると思《おも》いますか？

あなたの体《からだ》、あなたの選択《せんたく》

合意《ごうい》は大切《たいせつ》です。それはすべての人《ひと》の意見《いけん》、感情《かんじょう》、願《ねが》いなどが大切《たいせつ》だからです。合意《ごうい》とは選択《せんたく》です。自分《じぶん》がなにをするか、なにをされるか、それを選択《せんたく》することです。すべての人《ひと》にはそれぞれ違《ちが》う**個人《こじん》の境界線《きょうかいせん》**があって、自分《じぶん》の体《からだ》に関《かん》して自分《じぶん》で決《き》める権利《けんり》を持《も》っています。

個人《こじん》の境界線《きょうかいせん》は、人《ひと》それぞれにあるものです。そして、他人《たにん》がその人《ひと》にどのようにふるまうかを決《き》めるルールです。なにが好《す》きでなにが好《す》きじゃないか、気持《きも》ち良《よ》く思《おも》うかいやだと感《かん》じるかを決《き》めるのです。くすぐられるのが好《す》きな人《ひと》もいれば、そうではない人《ひと》もいます。友達《ともだち》が体《からだ》をくっつけて寄《よ》りかかってくるのが好《す》きな人《ひと》もいれば、あまり好《す》きじゃない人《ひと》もいます。

わたし達《たち》はみな自分《じぶん》だけの個人《こじん》の空間《くうかん》やその境界線《きょうかいせん》が尊重《そんちょう》され、その線《せん》を越《こ》える時《とき》には合意《ごうい》を拒否《きょひ》する権利《けんり》を持《も》っています。例《たと》えば、あなたは誰《だれ》かにくすぐられたらどうですか？　あなたが思《おも》っていたよりその時間《じかん》が長《なが》かったり、いやな気持《きも》ちになったりしたことはないですか？　もしあなたが少《すこ》しでもいやだと感《かん》じたら、拒否《きょひ》してもよいのです。

もちろん体《からだ》に触《さわ》ったり、ハグしたり、キスをしたりすることも、あなたが少《すこ》しでもいやだと感《かん》じたら、たとえどんな理由《りゆう》があっても無理矢理《むりやり》されるべきではありません。相手《あいて》が誰《だれ》であろうと、どれだけ仲良《なかよ》しであろうと、もしそれでいやな気持《きも》ちになるのであれば、それはやってはいけないことなのです。

“誰《だれ》かとなにかをするということは、1人《ひとり》でDVDを見《み》るのとは違《ちが》います。一度停止《いちどていし》して、ボタンを押《お》せば続《つづ》きから再生《さいせい》されるわけではないのです。現実《げんじつ》では、それが途中《とちゅう》であっても考《かんが》え直《なお》して選択《せんたく》を変《か》える権利《けんり》があります。たとえもし前《まえ》に「もっと先《さき》まで」見《み》たことがあったとしても、あなたはゆっくり時間《じかん》をかけて、巻《ま》き戻《もど》したり、違《ちが》う番組《ばんぐみ》を見《み》ることもできます”

チェラ・クィント、ピリオド・ポジティブ（月経《げっけい》に関《かん》する教育《きょういく》に取《と》り組《く》む団体《だんたい》）

どうやって「ノー」と言《い》う？

「いやだ」や「やめて」などと言《い》うことはとても大切《たいせつ》で、言《い》ったのが誰《だれ》であろうと常《つね》に尊重《そんちょう》されるべき言葉《ことば》です。それらの言葉《ことば》を簡単《かんたん》に言《い》える人《ひと》もいれば、恥《は》ずかしいと感《かん》じたり口《くち》に出《だ》したりするのを不安《ふあん》に感《かん》じる人《ひと》もいます。

とくに目上《めうえ》の人《ひと》に言《い》うことは難《むずか》しいかもしれません。わたし達《たち》は自分《じぶん》より偉《えら》い人《ひと》を敬《うやま》って、言《い》うことを聞《き》かなければいけないと育《そだ》てられたからです。でもハグをすることなどに関《かん》しては、それがたとえ目上《めうえ》の人《ひと》であろうとノーと言《い》う権利《けんり》があります。あなたがその人《ひと》をどれだけ大切《たいせつ》に思《おも》っていても、これまで何度《なんど》もハグをしたことがあっても、それは関係《かんけい》ありません。

自分《じぶん》の意見《いけん》をはっきり主張《しゅちょう》することは、自転車《じてんしゃ》に乗《の》ったりケーキを焼《や》いたりするのと同《おな》じで、誰《だれ》もが学《まな》べるスキルです。ノーと言《い》うことも合意《ごうい》を拒否《きょひ》することも練習《れんしゅう》できることです。だからもし誰《だれ》かがハグをしようとして、それをいやだと感《かん》じたら、おだやかに、でもはっきりと「ハグはしたくないの。でもありがとう」と言《い》うようにしましょう。そうすれば相手《あいて》と離《はな》れられるはずです。

もしあなたがそうしたければ、さらにあなたがどう感《かん》じているのかを話《はな》して、別《べつ》のことをするように頼《たの》んでみるといいでしょう。例《たと》えばハグをしたくない人《ひと》はこう言《い》うといいかもしれません。「体《からだ》に腕《うで》をまわしてぎゅっと強《つよ》く抱《だ》きしめられると、捕《つか》まえられて動《うご》けなくされるような気分《きぶん》になってあまり好《す》きじゃない。代《か》わりに、手《て》を握《にぎ》ってもいい？」。

あなたが相手《あいて》になにかをやめるように頼《たの》んだ時《とき》に、もし相手《あいて》があなたを傷《きず》つけるようなことをしてきたら、もう一度《いちど》「やめて」と言《い》ってあなたがどう感《かん》じるのかちゃんと伝《つた》える必要《ひつよう》があります。「あなたの気持《きも》ちはよくわかる。でもわたしはそれを気持《きも》ち良《よ》いと思《おも》えない」と。

もちろん「イエス」と言《い》いたい時《とき》や、ハグするのがうれしいと伝《つた》えたい時《とき》もあるはずです。その時《とき》は笑顔《えがお》で自分《じぶん》からぎゅっとハグを返《かえ》せば、相手《あいて》はあなたが合意《ごうい》してハグを楽《たの》しんでいることがわかります。

考《かんが》えてみよう

あなたの個人《こじん》の境界線《きょうかいせん》はどんなふうですか？
もしなにかされるのがいやだと思《おも》った時《とき》、あなたなら相手《あいて》にどのように言《い》いますか？

考《かんが》えを変《か》える

合意《ごうい》はいつでも取《と》り消《け》せます。もし友達同士《ともだちどうし》の2人《ふたり》が遊《あそ》んでいて、ふざけて取《と》っ組《く》み合《あ》いを始《はじ》めたとします。突然《とつぜん》1人《ひとり》がもうやめたくなって「もうやめて」と言《い》ったらその遊《あそ》びはおしまいになります。その人《ひと》が最初《さいしょ》にその遊《あそ》びをやり始《はじ》めたとか、その時《とき》まで心《こころ》から楽《たの》しんでいたとかは関係《かんけい》ありません。

やめることで一方《いっぽう》ががっかりしたとしても、それも関係《かんけい》ありません。どちらか一方《いっぽう》でもやりたくないと思《おも》った瞬間《しゅんかん》から、もうそれは2人《ふたり》にとって楽《たの》しいことではなくなるのです。いつでも「やめて」と言《い》うことができて、それに関《かか》わっている人《ひと》はみなそれぞれの思《おも》いを尊重《そんちょう》しなければいけないのです。

これは、あなたの個人《こじん》の空間《くうかん》や境界線《きょうかいせん》に関《かん》するどんなことにもあてはまります。いままで良《よ》かったことであっても、いつでも「ノー」と言《い》うことができます。なにかで少《すこ》しでもいやな気持《きも》ちになったら、すぐに「やめて」と言《い》うべきです。

個人《こじん》の境界線《きょうかいせん》や空間《くうかん》を守《まも》る時《とき》に、あなたがいやだと思《おも》ったらどんなスキンシップにもノーという権利《けんり》があります。

合意《ごうい》はすべてにあてはまるものでも、ずっと効果《こうか》があるものでもありません

想像《そうぞう》してみてください。あなたがお昼《ひる》ご

考《かんが》えてみよう

あなたはこれまで誰《だれ》かに、相手《あいて》があまりやりたくないと思《おも》っていることをやらせようとしたことはありますか？

その時《とき》、相手《あいて》はどのような気持《きも》ちだったと思《おも》いますか？

これまで誰《だれ》かとなにかをしている最中《さいちゅう》に気《き》が変《か》わってやりたくなくなったり、それを途中《とちゅう》でやめたりしたことはありますか？

あなたはその時自分《ときじぶん》の気持《きも》ちを相手《あいて》に伝《つた》えましたか？

はんを食《た》べている時《とき》、もし友達《ともだち》が、あなたの持《も》っているお菓子《かし》を一《ひと》つちょうだいと言《い》って、あなたが「いいよ」と言《い》ったとします。そのあとあなたが飲《の》み物《もの》を取《と》りに行《い》って帰《かえ》ってくると、友達《ともだち》は残《のこ》っていたあなたのお弁当《べんとう》を全部食《ぜんぶた》べてしまっていました。もちろんこれはおかしいことです。お菓子《かし》をあげることに「いいよ」と言《い》いましたが、あなたのお弁当《べんとう》を全部食《ぜんぶた》べてしまうことに「いいよ」と言《い》ったわけではありません。

この法則《ほうそく》は合意《ごうい》にもあてはまります。なにか一《ひと》つの行為《こうい》に合意《ごうい》したとしても、それが自動的《じどうてき》に他《ほか》の行為《こうい》にも合意《ごうい》したことにはなりません。ハグに合意《ごうい》しても、それはキスに合意《ごうい》したことにはなりません。もし誰《だれ》かが体《からだ》に腕《うで》をまわしてきてそれを許《ゆる》したとしても、それは体《からだ》の他《ほか》のどこでも触《さわ》ってもいいという合意《ごうい》ではありません。

それがあなたの家《いえ》でも、友達《ともだち》の家《いえ》でも、学校《がっこう》でも、校庭《こうてい》でも、誰《だれ》かとデートしている時《とき》であっても、あなたがどこにいてなにをしていようと、この合意《ごうい》のルールがあてはまります。

あなたの体《からだ》をどうするか決《き》めるのはあなたであって、一番大切《いちばんたいせつ》なのはあなたがどう思《おも》うかなのです。これはプライベートなことに関《かん》してとくに重要《じゅうよう》なことです。それがたとえ両親《りょうしん》であっても医者《いしゃ》であっても、いつも下着《したぎ》で隠《かく》れている部分《ぶぶん》などに触《さわ》る時《とき》は、その前《まえ》にちゃんとあなたに触《さわ》ってもいいか聞《き》くべきです。もしそれが少《すこ》しでもいやだと感《かん》じたら、あなたはいつでもノーと言《い》う権利《けんり》があるのです。

PANTS（パンツ）のルール

NSPCC（英国児童虐待防止協会《えいこくじどうぎゃくたいぼうしきょうかい》）は子《こ》ども達《たち》に知《し》ってほしいと**「PANTS（パンツ）のルール」**を提《てい》唱《しょう》しています。あなたの下着《したぎ》は大切《たいせつ》なものを守《まも》っていて、それにはちゃんと理由《りゆう》があるということです。

P（private are private）
プライベートはプライベート

A（always remember your body belongs to you）
あなたの体《からだ》は常《つね》にあなたのもの

N（no means no）
ノーが意味《いみ》するのはノー

T（talk about secrets that upset you）
いやな気持《きも》ちになるのはどんなことか話《はな》そう

S（speak up, someone can help）
話《はな》してみよう、誰《だれ》かが助《たす》けてくれる

NSPCCによる「PANTSを話《はな》そう」キャンペーンより

合意《ごうい》と障害《しょうがい》

法《ほう》律《りつ》上《じょう》「障害《しょうがい》」とは、ある身体的《しんたいてき》または精神的《せいしんてき》・知的《ちてき》な機能《きのう》が十《じゅう》分《ぶん》でないことによって長期《ちょうき》にわたって日常生活《にちじょうせいかつ》を大《おお》きく制限《せいげん》される状態《じょうたい》を言《い》います。目《め》が見《み》えない・耳《みみ》が聞《き》こえないなどの身体的障《しんたいてきしょう》害《がい》の他《ほか》、長期《ちょうき》にわたるうつ病《びょう》や**認知症《にんちしょう》**など精神的《せいしんてき》なものも含《ふく》まれます。障害《しょうがい》の中《なか》には、例《たと》えば車《くるま》いすに乗《の》っているなど、はっきりと目《め》に見《み》えるものもあります。

しかしすべての障害《しょうがい》が目《め》に見《み》えるわけではありません。精神的《せいしんてき》・知《ち》的障害《てきしょうがい》の多《おお》くや、また身体障害《しんたいしょうがい》であっても、その人《ひと》の見《み》た目《め》だけでは障害《しょうがい》があるかどうかはわかりません。人《ひと》に障害《しょうがい》があるかどうか、わたし達《たち》はその見《み》た目《め》だけで判断《はんだん》してはいけません。

障害《しょうがい》は、その人《ひと》の**個人《こじん》の境界線《きょうかいせん》**に関《かか》わることがあります。例《たと》えば、ある障害《しょうがい》によって体《からだ》にふれられることを不快《ふかい》に感《かん》じることがあるかもしれません。

仲《なか》の良《よ》い友達《ともだち》にハグされることはほとんどの人《ひと》にとってなんともないことです。しかし身体《しんたい》に痛《いた》みを伴《ともな》う障害《しょうがい》を持《も》つ人《ひと》にとっては、ハグは苦痛《くつう》に感《かん》じるかもしれません。誰《だれ》かの体《からだ》にふれる時《とき》には、いつもその前《まえ》に相手《あいて》に聞《き》くようにすれば、誰《だれ》かに苦痛《くつう》を与《あた》えることを避《さ》けられます。個人《こじん》の境界線《きょうかいせん》は、誰《だれ》かの基準《きじゅん》で勝手《かって》に判断《はんだん》することは絶対《ぜったい》にできません。人《ひと》それぞれ異《こと》なるものなので、まず相手《あいて》に聞《き》くことが大切《たいせつ》です。

“個人《こじん》の境界線《きょうかいせん》は、誰《だれ》かの基準《きじゅん》で勝手《かって》に判断《はんだん》することは絶対《ぜったい》にできません。人《ひと》それぞれ異《こと》なるものなので、まず相手《あいて》に聞《き》くことが大切《たいせつ》です”

人《ひと》は病気《びょうき》や障害《しょうがい》によっては、定期的《ていきてき》に医《い》者《しゃ》や専門家《せんもんか》のケアが必要《ひつよう》です。もし食欲《しょくよく》がなくなったり、うつ病《びょう》になっていたり、精《せい》神的《しんてき》な問題《もんだい》を抱《かか》えていたら、専門《せんもん》の人《ひと》に診《み》てもらうことで良《よ》くなります。

障害者《しょうがいしゃ》の中《なか》には、ヘルパーさんなど、日《にち》常生活《じょうせいかつ》のサポートをしてくれる専門《せんもん》の人《ひと》が付《つ》いている場合《ばあい》もあります。その場合《ばあい》、身《しん》体的《たいてき》サポートをおこなう医者《いしゃ》やヘルパーさんとの間《あいだ》には、強《つよ》い信頼関係《しんらいかんけい》が必要《ひつよう》です。

しかし大切《たいせつ》なことは、常《つね》にあなたの体《からだ》に関《かん》して合意《ごうい》するのはあなただということです。医者《いしゃ》やヘルパーさんなどがあなたの体《からだ》にふれようとした時《とき》にあなたがそれを拒否《きょひ》するのは、それは相手《あいて》が誰《だれ》であろうと同《おな》じようにあなたの権利《けんり》なのです。これと同《おな》じで、薬《くすり》や治療《ちりょう》、その他《ほか》どんなサポートであっても、それを受《う》けることを決《き》めるのはあなたなのです。

誰《だれ》かの医療的《いりょうてき》な選択《せんたく》を本人《ほんにん》の代《か》わりに他《た》人《にん》が決《き》める時《とき》は、その本人《ほんにん》がどうしても自《じ》分《ぶん》で決定《けってい》できないとみなされた時《とき》のみと法《ほう》律《りつ》でも定《さだ》められています。本人《ほんにん》が選択《せんたく》をするために必要《ひつよう》な情報《じょうほう》を理解《りかい》できず、意思《いし》を伝《つた》えることもできない状態《じょうたい》の時《とき》です。

重《おも》い精神的《せいしんてき》な病気《びょうき》や知的障害《ちてきしょうがい》がある場合《ばあい》など、その人《ひと》にとって一番良《いちばんよ》いとされることを主治医《しゅじい》などの専門家《せんもんか》が決定《けってい》することがあります。

そういう場合《ばあい》であっても、個人《こじん》が選択《せんたく》できるかどうかというのは常《つね》に変《か》わる可能性《かのうせい》があります。そのため、合意《ごうい》が必要《ひつよう》な時《とき》にはそのつど本人《ほんにん》がほんとうに自分《じぶん》で決定《けってい》できるかどうか確《たし》かめることが大切《たいせつ》です。

わたしの考《かんが》える「合意《ごうい》」

ザラ・トッド

ザラ・トッドは、ユース・ワーカーといって、若者《わかもの》の成長《せいちょう》を手助《てだす》けする専門《せんもん》スタッフをしています。女性《じょせい》や障害者《しょうがいしゃ》の権利《けんり》のためのキャンペーンをおこなっており、若《わか》い人《ひと》を対象《たいしょう》に、合意《ごうい》と障害《しょうがい》についてのワークショップも開催《かいさい》しています。

個人《こじん》の境界線《きょうかいせん》と障害《しょうがい》

個人《こじん》の境界線《きょうかいせん》は人《ひと》それぞれで、とても個《こ》人的《じんてき》なものです。すべての人《ひと》が自分《じぶん》の境界《きょうかい》線《せん》がどこにあるのかを知《し》り、また他人《たにん》の境《きょう》界線《かいせん》はそれぞれ違《ちが》うことを尊重《そんちょう》する必要《ひつよう》があります。

例《たと》えば、肩《かた》にポンと手《て》を置《お》かれてもほとんどの人《ひと》はいやな思《おも》いはしないでしょう。でも中《なか》には肩《かた》をポンとされるだけで痛《いた》みを感《かん》じたり、いやな気持《きも》ちになる人《ひと》もいるかもしれません。なるべく痛《いた》みを感《かん》じないように、肩《かた》に専用《せんよう》のパッドをつけている人《ひと》もいるかもしれません。

もしすべての人《ひと》が、なにをする時《とき》もその前《まえ》に相手《あいて》に聞《き》くようにすれば、そういった人《ひと》の苦労《くろう》はずっと減《へ》るはずです。相手《あいて》が自《じ》分自身《ぶんじしん》のことを自分《じぶん》で決《き》められるようにすることは、他人《たにん》を尊重《そんちょう》することの一《ひと》つです。

だから相手《あいて》の境界線《きょうかいせん》を尊重《そんちょう》し、なにかする時《とき》には、必《かなら》ずその前《まえ》に相手《あいて》に尋《たず》ねるようにしましょう。

なぜ個人《こじん》の境界線《きょうかいせん》はそれぞれ違《ちが》うの？

わたしの個人《こじん》の境界線《きょうかいせん》は、障害《しょうがい》のない人《ひと》に比《くら》べるとゆるいかもしれません。例《たと》えばわたしは理学療法《りがくりょうほう》のセラピーを受《う》けると体《からだ》がとても楽《らく》になるのですが、そのため長《なが》い間《あいだ》、他人《たにん》が自分《じぶん》の個人《こじん》の境界線《きょうかいせん》の中《なか》に入《はい》るのを許《ゆる》してきました。

でもこれによって、わたしの考《かんが》える個人《こじん》の境界線《きょうかいせん》とその中《なか》の個人《こじん》の空間《くうかん》というのは、他《ほか》の人《ひと》が考《かんが》えるのとだいぶ変《か》わりました。

決《けっ》してあなたのせいではない

あなたの体《からだ》のことはあなたが誰《だれ》よりも知《し》っています。もしあなたが少《すこ》しでもいやなことを誰《だれ》かがしてきたら、あなたは相手《あいて》にそれを伝《つた》える必要《ひつよう》があります。

他人《たにん》はあなたの心《こころ》を読《よ》めるわけではありません。もし誰《だれ》かが「いまからこれをやるよ」と言《い》った時《とき》、もしそれがあなたを傷付《きずつ》けることだとしたら、あなたは「やめてほしい」と言《い》う権利《けんり》があります。

もしあなたが言《い》っても相手《あいて》がやめてくれなかったら、それはあなたのせいではありません。

あなたはなにも間違《まちが》ったことをしていません。誰《だれ》かがあなたの個人《こじん》の境界線《きょうかいせん》を尊重《そんちょう》しなかったことで、絶対《ぜったい》に自分《じぶん》を責《せ》めないでください。

他《ほか》のみんなが平気《へいき》なことをいやだと思《おも》うのはヘン？

どのように他人《たにん》と関《かか》わっていくか、それはすべて人《ひと》それぞれ異《こと》なります。それがなにであっても、なにかをいやだと思《おも》うことで、人《ひと》と違《ちが》うからヘンだとかおかしいということは決《けっ》してありません。

他人《たにん》があなたを悪《わる》く思《おも》うのではないかと考《かんが》えて、自分《じぶん》の望《のぞ》むことを言《い》えなくなる必要《ひつよう》は全《まった》くありません。

考《かんが》えてみよう

あなたは誰《だれ》かに対《たい》して、その人《ひと》の見《み》た目《め》で障害《しょうがい》を持《も》っているかそうでないかを判断《はんだん》したことはありますか？
相手《あいて》の合意《ごうい》なしに誰《だれ》かの体《からだ》にふれることに問題《もんだい》はないでしょうか？

合意《ごうい》における圧力《あつりょく》

なにかに合意《ごうい》した時《とき》、あなたがほんとうにそれを望《のぞ》んで合意《ごうい》をしたのと、誰《だれ》かがあなたに合意《ごうい》をさせたのとでは大《おお》きな違《ちが》いがあります。どんな時《とき》に合意《ごうい》することが正《ただ》しいのか、どんな時《とき》に正《ただ》しくない合意《ごうい》が生《う》まれるのかは重要《じゅうよう》です。中《なか》でもとくに大切《たいせつ》なのは、誰《だれ》かがそれを望《のぞ》んでいない時《とき》に無理矢理合意《むりやりごうい》させるようなことは決《けっ》してあってはならないということです。

わたし達《たち》は自分《じぶん》のやることに対《たい》していつも周《まわ》りの人《ひと》から影響《えいきょう》を受《う》けています。周《まわ》りの人《ひと》から影響《えいきょう》を受《う》けることで、良《よ》いことはたくさんあります。例《たと》えば友達《ともだち》がクラブ活《かつ》動《どう》にいっしょに入《はい》るのを誘《さそ》ってくれたり、新《あたら》しい趣味《しゅみ》を始《はじ》めるのを両親《りょうしん》が応援《おうえん》してくれたりすることなどです。

しかし時《とき》には、**圧力《あつりょく》**を使《つか》って、本人《ほんにん》にとって良《よ》くないことを合意《ごうい》させようとする人《ひと》がいます。例《たと》えば学校《がっこう》をずる休《やす》みしたり、たばこを吸《す》ったり、お店《みせ》で万引《まんび》きをするように強《つよ》く言《い》ってくるなどです。このような状況《じょうきょう》での選択《せんたく》は、そのあと深刻《しんこく》な問題《もんだい》につながる可能性《かのうせい》があります。

大人《おとな》になっても、このように難《むずか》しい選択《せんたく》に迫《せま》られる状況《じょうきょう》が起《お》こります。正《ただ》しい答《こた》えがいつもはっきりしているわけではありません。

わたし達《たち》は自分《じぶん》にとって悪《わる》いことに無理《むり》矢理合意《やりごうい》させられることがなく、自分自身《じぶんじしん》を守《まも》り正《ただ》しい決断《けつだん》をするためにはどうすれば良《よ》いかを学《まな》ぶ必要《ひつよう》があります。

“わたし達《たち》は自分《じぶん》にとって悪《わる》いことに無理矢理合意《むりやりごうい》させられることがなく、自分自身《じぶんじしん》を守《まも》り正《ただ》しい決断《けつだん》をするためにはどうすれば良《よ》いかを学《まな》ぶ必要《ひつよう》があります”

直感《ちょっかん》を信《しん》じよう

なにかがおかしかったり間違《まちが》ったりしている時《とき》、自分《じぶん》でもそれがはっきりとわからないかもしれません。しかしなにか違和感《いわかん》を持《も》ったり、怖《こわ》くなったり不安《ふあん》になったりするはずです。もしなにかおかしいなと感《かん》じたら、それはほとんどの場合《ばあい》あなたにとって良《よ》いことではありません。

誰《だれ》もあなたにいやな気持《きも》ちを与《あた》える権利《けんり》はないのです。もし誰《だれ》かや、なんらかの状《じょう》況《きょう》があなたを不安《ふあん》にさせたり、いやな気持《きも》ちにさせたりしたら、それを口《くち》に出《だ》して相《あい》手《て》に伝《つた》えるか、もしくはそこから離《はな》れてください。

誰《だれ》がなんと言《い》おうと、あなたにとってなにが正《ただ》しいことなのかを知《し》っているのはあなた自身《じしん》です。もしなにかがおかしいと感《かん》じたら、それはおかしいのです。

圧力《あつりょく》はどのようにはたらくか

人《ひと》になにかを押《お》しつける圧力《あつりょく》はいろいろあります。その中《なか》にはとてもわかりやすいものもあります。例《たと》えば「もしこれをしなければ傷付《きずつ》ける」「悪《わる》いうわさを広《ひろ》めるぞ」とおどすことです。

しかしいつもこのようにわかりやすい時《とき》ばかりではありません。あなたはこれまでなにか危険《きけん》なことを、他《ほか》の人《ひと》がみんなやっているからと自分《じぶん》もやったことはありますか？
例《たと》えば誰《だれ》かが「みんな吸《す》っているよ」と言《い》ってたばこをすすめてきたとします。その時《とき》、仲間外《なかまはず》れにされたくなかったり、からかわれたくないために吸《す》ってしまうことがあるかもしれません。

相手《あいて》の感情《かんじょう》をうまく利用《りよう》して、無理矢理《むりやり》なにかをさせようとする人《ひと》もいます。それをしてくれないと自分《じぶん》は傷付《きずつ》くのだと説得《せっとく》してきたり、断《ことわ》るとばかにされたりいやな気《き》持《も》ちになるようにしむけてきたりするのです。人《ひと》を押《お》さえ付《つ》けるような力《ちから》はいつも、やりたくないことに合意《ごうい》させるために働《はたら》きます。

考《かんが》えてみよう

これまで誰《だれ》かが、あなたが悪《わる》いと思《おも》っていることをさせようとしてきたことがありますか？
その時《とき》どのように感《かん》じましたか？

自分《じぶん》の中《なか》の力《ちから》に気付《きづ》く

わたし達《たち》はみな誰《だれ》かを力《ちから》で押《お》さえつけるようなことも、また誰《だれ》かがやりたくないことをやるように影響《えいきょう》を与《あた》えることもできます。これはいつでも悪《わる》いことというわけではありません。例《たと》えば、医者《いしゃ》が傷口《きずぐち》を縫《ぬ》いますと言《い》う時《とき》には、本人《ほんにん》が痛《いた》いからいやだと思《おも》っても、それが一番《いちばん》良《よ》い方法《ほうほう》であれば医者《いしゃ》はその人《ひと》を説得《せっとく》しようとするでしょう。

あなたは友達《ともだち》に宿題《しゅくだい》をちゃんと期限《きげん》までにやるよう説得《せっとく》するかもしれません。宿題《しゅくだい》の提出《ていしゅつ》が遅《おく》れるとその友達《ともだち》にとって良《よ》くないことがあるからです。相手《あいて》にとってそれがほんとうに良《よ》いことだと考《かんが》えて、あなたの力《ちから》でなにかをするよう説得《せっとく》することは良《よ》い場合《ばあい》もあります。

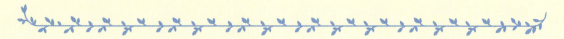

しかしこちらがほんとうに相手《あいて》のために良《よ》いと思《おも》っても、相手《あいて》はそれを望《のぞ》んでいない場合《ばあい》もあります。相手《あいて》はその選択《せんたく》に不安《ふあん》や恐怖《きょうふ》を感《かん》じていたり、もっと良《よ》い別《べつ》の選択肢《せんたくし》があるのではないかと感《かん》じているかもしれません。

わたし達《たち》は他人《たにん》の選択《せんたく》に対《たい》していつでも賛成《さんせい》する必要《ひつよう》はありませんが、他人《たにん》が自分《じぶん》で決《き》めたことを尊重《そんちょう》することは大切《たいせつ》です。

考《かんが》えてみよう

友達《ともだち》に対《たい》して、本人《ほんにん》がやりたくないと思《おも》っていることをやらせようとする人《ひと》をどう思《おも》いますか？

良《よ》い友達《ともだち》でいる条件《じょうけん》の一《ひと》つは、相手《あいて》が自分《じぶん》のことを自分《じぶん》で決《き》めることをサポートし、たとえそれが賛成《さんせい》できなくても受《う》け入《い》れることです。

わたし達《たち》は、たとえそれが相手《あいて》にとって一番良《いちばんよ》いことではなくても、力《ちから》で押《お》さえ付《つ》けることができてしまいます。もしかしたらそれは相手《あいて》ではなく自分《じぶん》のためかもしれません。

もしくは、ほんとうはそうではないのにそれが相手《あいて》のためだと間違《まちが》って認識《にんしき》しているのかもしれません。わたし達《たち》はみな誰《だれ》かに対《たい》して良《よ》くない**圧力《あつりょく》をかけている**ことがあり、それに自分《じぶん》で気付《きづ》くことが大切《たいせつ》です。相手《あいて》がどういう気持《きも》ちになるのかをよく考《かんが》えて、もしそれが相手《あいて》を困《こま》らせたり傷付《きずつ》けることであればすぐにやめなければいけません。

心《こころ》の中《なか》で「いやだ」と思《おも》っているのに、あなたに「いいよ」と言《い》う人《ひと》がいるかもしれません。相手《あいて》の気持《きも》ちをよく考《かんが》え、理解《りかい》しようとすることは時間《じかん》がかかることです。誰《だれ》かとなにかをする時《とき》、その前《まえ》にかならず相手《あいて》がほんとうにそれを望《のぞ》んでいるのか、**熱意《ねつい》ある合意《ごうい》**をしているかどうか良《よ》く見《み》るようにしなければいけません。

どんな時《とき》も相手《あいて》にとって一番良《いちばんよ》いことはなんなのか考《かんが》えること、そして相手《あいて》の「いやだ」と言《い》う権利《けんり》を尊重《そんちょう》することを忘《わす》れないでください。

あなたは どうですか

あなたはこれまで相手《あいて》がやりたくないことをやらせたことはありますか？次《つぎ》もし同《おな》じような状況《じょうきょう》があったら、あなたならどうしますか？

わたしの考《かんが》える「合意《ごうい》」

アリス・ピニー

アリス・ピニーは女《おんな》の子《こ》の成長《せいちょう》や権利《けんり》を守《まも》るために活動《かつどう》する団体《だんたい》のメンバーです。アリスはいつも他人《たにん》に優《やさ》しくすることは大切《たいせつ》だと考《かんが》えます。

なぜ合意《ごうい》について話《はな》すことが大切《たいせつ》なの？

わたしは合意《ごうい》について学校《がっこう》で正《ただ》しく教《おし》えられているとは思《おも》えません。授業《じゅぎょう》で「合意《ごうい》」という言葉《ことば》が出《で》てきたことは一度《いちど》もないと思《おも》います。わたしにとってその言葉《ことば》は大人《おとな》になってから使《つか》う言葉《ことば》の一《ひと》つで、それがなにを意味《いみ》するのかこれまで誰《だれ》にも教《おし》えてもらったことはありません。

みんな合意《ごうい》という言葉《ことば》は知《し》っていても、それについて正《ただ》しく学《まな》ぶことはなく、みんなが同《おな》じ定義《ていぎ》を共有《きょうゆう》しているわけでもありません。

ソーシャルメディアでの合意《ごうい》の役割《やくわり》

合意《ごうい》という言葉《ことば》がなにを意味《いみ》するのかについて、間違《まちが》った情報《じょうほう》や誤解《ごかい》を与《あた》えるものがたくさんあるということは一《ひと》つの問題《もんだい》です。テレビやソーシャルメディアで見聞《みき》きする情報《じょうほう》は、いつでも正《ただ》しいとは限《かぎ》りません。見聞《みき》きしたものをうのみにして自分《じぶん》の意見《いけん》にしたり、**個人《こじん》の境界線《きょうかいせん》**について考《かんが》え直《なお》したりしないのは簡単《かんたん》です。

しかし合意《ごうい》について正《ただ》しく学《まな》ぶことによって、わたし達《たち》は自分《じぶん》にとって良《よ》い選択《せんたく》をするために必要《ひつよう》なことを理解《りかい》し、それを実践《じっせん》することができます。

> “合意《ごうい》について正《ただ》しく学《まな》ぶことによって、わたし達《たち》は自分《じぶん》にとって良《よ》い選択《せんたく》をするために必要《ひつよう》なことを理解《りかい》し、それを実践《じっせん》することができます”

インターネットの悪《わる》い影響《えいきょう》

今若《いまわか》い人《ひと》は、もっと大人《おとな》にならなきゃというプレッシャーをとても強《つよ》く感《かん》じています。わたしの9歳《さい》の妹《いもうと》がいつも見《み》ているInstagram《インスタグラム》をのぞいてみると、そこにはわたしが9歳《さい》の時《とき》には周《まわ》りになかったものがあふれています。今《いま》の子《こ》ども達《たち》は、友達関係《ともだちかんけい》、恋愛関係《れんあいかんけい》などについて「これが完璧《かんぺき》だ」という作《つく》られたイメージを常《つね》に見《み》ています。

わたしたちは、「こうあるべき」という特定《とくてい》の考《かんが》えやイメージにさらされつづけているのです。ソーシャルメディアによって、わたし達《たち》がほんとうになにを望《のぞ》んでいるのかを決《き》める権利《けんり》が奪《うば》われてしまうことはよくあります。

オンライン上《じょう》の合意《ごうい》

オンライン上《じょう》で画像《がぞう》やメッセージなどを他人《たにん》に見《み》せる時《とき》は、どんな時《とき》でもその持《も》ち主《ぬし》や送《おく》り主《ぬし》の許可《きょか》を得《え》なければいけません。個人《こじん》の写真《しゃしん》やメッセージを他《ほか》の誰《だれ》かに見《み》せることは、プライバシーの侵害《しんがい》です。たとえあなたがたった1人《ひとり》だけに見《み》せたのだとしても、その1人《ひとり》がまた別《べつ》の誰《だれ》かに見《み》せるかもしれません。

これはその持《も》ち主《ぬし》を深《ふか》く傷付《きずつ》けるような大《おお》きな問題《もんだい》になる可能性《かのうせい》があります。プライバシーを侵害《しんがい》され、人《ひと》との信頼関係《しんらいかんけい》が壊《こわ》れてしまうと、精神的《せいしんてき》に大《おお》きなダメージを受《う》けることもあります。

合意《ごうい》にはいつも力《ちから》が関係《かんけい》しています。もし他人《たにん》の写真《しゃしん》を本人《ほんにん》の合意《ごうい》なしで他《ほか》の誰《だれ》かに見《み》せてしまったら、それは合意《ごうい》を守《まも》るためにあなたがコントロールするべき力《ちから》を手放《てばな》してしまうことになります。なにを共有《きょうゆう》してなにを共有《きょうゆう》しないか、その選択《せんたく》をするための力《ちから》を手放《てばな》してしまうのです。

オンライン上《じょう》では……

ソーシャルメディアを正《ただ》しく使《つか》いこなすことは難《むずか》しいものです。利用《りよう》するのをやめてしまうことが一番良《いちばんよ》い時《とき》もあります。でも最近《さいきん》は多《おお》くの人《ひと》がなんらかのソーシャルメディアを利用《りよう》しているのは事実《じじつ》です。あなたも今後《こんご》なにか利用《りよう》する機会《きかい》があるかもしれません。ここでは、オンライン上《じょう》で自分《じぶん》の安全《あんぜん》を守《まも》るために、わたしが知《し》っていることをいくつか紹介《しょうかい》します。

プライバシー設定《せってい》をチェックしよう
ウェブサイトにアクセスする時《とき》にはそこにある説明《せつめい》や同意書《どういしょ》をよく読《よ》んでから。あなたの投稿《とうこう》は、あなたの知《し》っている人《ひと》で信頼《しんらい》できる人《ひと》だけが見《み》られるようにしよう。

オンライン上《じょう》で話《はな》している相手《あいて》は誰《だれ》なのかをわかっておこう
もし知《し》らない人《ひと》が連絡《れんらく》をしてきたら、一番良《いちばんよ》いのは無視《むし》することです。もし相手《あいて》があなたにしつこく連絡《れんらく》してきたら、ブロックしたり通報《つうほう》したりしよう。

いつも思《おも》いやりをもって行動《こうどう》しよう
誰《だれ》かが傷付《きずつ》くようなコメントを書《か》いたり、人《ひと》の写真《しゃしん》を許可《きょか》なく他人《たにん》に見《み》せたりしてはだめ。これは他《ほか》の人《ひと》が安心《あんしん》してインターネットを利用《りよう》するためにあなたができることです。

相手《あいて》を勝手《かって》に決《き》めつけない
相手《あいて》のことをよく知《し》らないのにそこにある写真《しゃしん》や投稿《とうこう》だけで人《ひと》を決《き》めつけないようにしよう。これはオンライン上《じょう》にいるすべての人《ひと》が気持《きも》ち良《よ》く利用《りよう》するために必要《ひつよう》なことです。

合意《ごうい》の種類《しゅるい》

日《にち》常生活《じょうせいかつ》のあらゆる状況《じょうきょう》において、わたし達《たち》はなにかに合意《ごうい》をしたり拒否《きょひ》したりする場面《ばめん》があります。その中《なか》でもとくに大《おお》きな影響力《えいきょうりょく》を持《も》つものがいくつかあります。ここでは**オンラインにおける合意《ごうい》**、**性的《せいてき》な合意《ごうい》**、そして**医療《いりょう》における合意《ごうい》**の重要《じゅうよう》さについて見《み》ていきます。

オンラインの合意《ごうい》

インターネットはいまやわたしたちの生活《せいかつ》の一部《いちぶ》になっています。学校《がっこう》でも仕事《しごと》でも、友達《ともだち》と話《はな》すのにもインターネットを使《つか》います。ゲームをしたり、ブログを書《か》いたり、その他《ほか》にも楽《たの》しいことや自分《じぶん》のためになることはたくさんあります。しかしインターネットを使《つか》うことで、不安《ふあん》になったりいやな気持《きも》ちになることがあります。見《み》たくないものを見《み》てしまうかもしれません。

オンラインゲームをしている時《とき》に誰《だれ》かにいやな言葉《ことば》を言《い》われるかもしれません。ソーシャルメディアの自分《じぶん》のページが誰《だれ》かに乗《の》っ取《と》られ、プロフィールをおもしろおかしく変《か》えられたり、傷付《きずつ》くことを書《か》かれた人《ひと》もいます。これはそのサイトからログオフせずにパソコンや携帯電話《けいたいでんわ》などの機械《きかい》を放置《ほうち》すると起《お》こることがあります。

他《ほか》にも、オンライン上《じょう》で「出会《であ》った人《ひと》」が実《じつ》はあなたを傷付《きずつ》ける目的《もくてき》で近《ちか》づいてくる危険《きけん》もあります。そのような人《ひと》は、誰《だれ》か別《べつ》の人《ひと》のフリをして「友達《ともだち》」になろうとしてきます。

ここで挙《あ》げたことはとても怖《こわ》いことばかりですが、それを防《ふせ》ぐことはできます。他《た》人《にん》があなたの合意《ごうい》を得《え》ずにあなたの情報《じょうほう》にアクセスしたりそれを拡散《かくさん》したりするのを防《ふせ》ぐために、プライバシー設定《せってい》やパスワードの使《つか》い方《かた》など、安全《あんぜん》に使《つか》うための方法《ほうほう》を学《まな》ぶことはとても重要《じゅうよう》です。

“オンライン上《じょう》で「出会《であ》った人《ひと》」が実《じつ》はあなたを傷付《きずつ》ける目的《もくてき》で近《ちか》づいてくる危険《きけん》もあります。そのような人《ひと》は、誰《だれ》か別《べつ》の人《ひと》のフリをして「友達《ともだち》」になろうとしてきます”

自分《じぶん》のプロフィールが誰《だれ》でも見《み》られる状《じょう》態《たい》になっていないか、信頼《しんらい》できる人《ひと》に確《たし》かめてもらってください。もしオンライン上《じょう》でいやなことや問題《もんだい》が起《お》こったら、そのページにアクセスできないようにブロックして、信頼《しんらい》できる大人《おとな》にすぐに相談《そうだん》しましょう。そのウェブサイトを管理《かんり》している人《ひと》に、なにか調《しら》べてほしいなど伝《つた》えたいことがある場合《ばあい》には、多《おお》くのウェブサイトに「通報《つうほう》する」機能《きのう》があるので、利用《りよう》できます。

かしこくなろう

インターネットを安全《あんぜん》に使《つか》うためにSMART（**スマート＝かしこい**）というルールがあります。

- **Safety（安全《あんぜん》）：** 個人情報《こじんじょうほう》をオンライン上《じょう》で公開《こうかい》しない。本名《ほんみょう》は決《けっ》して使《つか》わず、ユーザーネームは自分《じぶん》だとわからないニックネームにしよう。

- **Meeting（会《あ》う）：** オンライン上《じょう》で出会《であ》った人《ひと》と1人《ひとり》で会《あ》わない。オンライン上《じょう》でたくさん話《はなし》をした人《ひと》でも、一度《いちど》も会《あ》ったことのない見知《みし》らぬ人《ひと》だということを忘《わす》れないで。

- **Accepting（受《う》け取《と》る）：** 知《し》らない人《ひと》からなにかが送《おく》られてきた時《とき》は注意《ちゅうい》しよう。それによってウイルスに感染《かんせん》するかもしれないし、見《み》ることでいやな気持《きも》ちになる画像《がぞう》などかもしれません。

- **Reliable（信頼性《しんらいせい》）：** オンライン上《じょう》では自分《じぶん》が何者《なにもの》であるかうそをついている人《ひと》がたくさんいます。インターネット上《じょう》には間違《まちが》った情報《じょうほう》もあります。いつも一《ひと》つの情報《じょうほう》に頼《たよ》らず、他《ほか》のいろんなサイトを見《み》たり、本《ほん》で調《しら》べたり、また詳《くわ》しい人《ひと》に確認《かくにん》したりしよう。オンライン上《じょう》で誰《だれ》かと話《はな》すのは、あなたが実際《じっさい》に知《し》っている友達《ともだち》や家族《かぞく》だけにするのが一番安全《いちばんあんぜん》です。

- **Tell（話《はな》す）：** いやなことや不安《ふあん》になることがあったり、あなたかもしくはあなたの知《し》っている人《ひと》がオンライン上《じょう》でいじめられたりした場合《ばあい》には、両親《りょうしん》やあなたを助《たす》けてくれる人《ひと》、信頼《しんらい》できる大人《おとな》に話《はな》そう。

性的《せいてき》な合意《ごうい》

あなたはこれから誰《だれ》かを好《す》きになって、友達《ともだち》よりもっと特別《とくべつ》な関係《かんけい》になりたいと思《おも》うかもしれません。もし相手《あいて》も同《おな》じ気持《きも》ちなら、デートをしたりするかもしれません。誰《だれ》かのことを特別《とくべつ》に思《おも》う時《とき》、例《たと》えばキスをしたいなど、好《す》きな気持《きも》ちを行動《こうどう》で表《あらわ》したいと思《おも》うのはふつうのことです。しかし身体的《しんたいてき》に誰《だれ》かとふれ合《あ》う時《とき》には、両方《りょうほう》が心《こころ》から合意《ごうい》していることを確《たし》かめることがとても大切《たいせつ》です。

ハグをしたり、体《からだ》を寄《よ》せ合《あ》ったり、キスをしたり、好《す》きな気持《きも》ちを表《あらわ》す方法《ほうほう》はたくさんあります。これらは２人《ふたり》ともが同《おな》じように望《のぞ》み、心《こころ》の準備《じゅんび》ができていて、合意《ごうい》している状態《じょうたい》であればとてもすばらしいことです。

カップルとなった２人《ふたり》は、やがて性的《せいてき》な行為《こうい》を望《のぞ》むこともあるでしょう。相手《あいて》の胸《むね》や性器《せいき》などにふれたいと思《おも》うかもしれません。そんな時《とき》に、もしかしたら一方《いっぽう》が相手《あいて》に服《ふく》を脱《ぬ》ぐように言《い》って、写真《しゃしん》を撮《と》りたいと言《い》うかもしれません。ここで忘《わす》れてはいけないのは、どちらか一方《いっぽう》でも、それが少《すこ》しでもいやだと思《おも》ったら両方《りょうほう》がすぐにやめ

“性行為《せいこうい》の合意《ごうい》に関《かん》してよく問題《もんだい》になりますが、大切《たいせつ》なことはいたってシンプルです。どんな時《とき》であっても、誰《だれ》かと性《せい》行為《こうい》をする時《とき》には、その前《まえ》にお互《たが》いがほんとうにそれを望《のぞ》んでいるか確《たし》かめること。これは男《おとこ》でも女《おんな》でも、すべての人《ひと》にあてはまることです。性行為《せいこうい》をおこなう相手《あいて》が誰《だれ》であれ、どんな状況《じょうきょう》であれ、これにつきます。お互《たが》いが心《こころ》から望《のぞ》んでおこなうこと。ただこれだけです。全然難《ぜんぜんむずか》しいことではないのです”

エメリン・メイ、性的《せいてき》な合意《ごうい》に関《かん》するキャンペーンのメンバー

なければいけないということです。

まだ自分《じぶん》には心《こころ》の準備《じゅんび》ができていないと思《おも》ったら「ノー」と言《い》うこと、そして相手《あいて》が喜《よろこ》んでいないと思《おも》ったらすぐに止《や》めることがとても大切《たいせつ》です。あなたの体《からだ》はあなたのもので、少《すこ》しでもいやだと思《おも》うことに関《かん》して合意《ごうい》する必要《ひつよう》は絶対《ぜったい》にないということを忘《わす》れないでください。

あなたが自分《じぶん》の体《からだ》をどのように扱《あつか》ってほしいのかを考《かんが》えて、それと同《おな》じように相手《あいて》の体《からだ》も扱《あつか》うようにしてください。相手《あいて》を尊《そん》重《ちょう》し、おもいやりをもって、相手《あいて》の体《からだ》は相《あい》手《て》のものであり、相手《あいて》の体《からだ》に関《かん》することを決《き》める権利《けんり》は相手《あいて》が持《も》っているということをいつも覚《おぼ》えていてください。

合意《ごうい》を得《え》るということ

法律《ほうりつ》では、成人《せいじん》はお互《たが》いの合意《ごうい》のもとで性行為《せいこうい》をする責任《せきにん》があると定《さだ》めています。つまり性行為《せいこうい》をするということは、両方《りょうほう》が相手《あいて》との性行為《せいこうい》に積極的《せっきょくてき》に合意《ごうい》していることになります。性行為《せいこうい》をする時《とき》にはどんな時《とき》でも、両方《りょうほう》の合意《ごうい》がなければいけません。

一度合意《いちどごうい》をしたとしても、その後《あと》いつでも考《かんが》えを変《か》えたり拒否《きょひ》したりする権利《けんり》があります。どちらか一方《いっぽう》でもなにかためらっている場合《ばあい》、また心《こころ》から良《よ》く思《おも》っていない場合《ばあい》、それは合意《ごうい》ではありません。

もしどちらかが弱《よわ》い立場《たちば》にいる場合《ばあい》、例《たと》えばまだ若《わか》すぎたり、眠《ねむ》っている状態《じょうたい》だったり、お酒《さけ》に酔《よ》いすぎていたり、意識《いしき》がなかったりした場合《ばあい》、これは法的《ほうてき》にも合意《ごうい》が成立《せいりつ》する**能力《のうりょく》**がないとみなされます。この状態《じょうたい》で性行為《せいこうい》をおこなえば、それは相手《あいて》が合意《ごうい》したとしても性暴力《せいぼうりょく》とみなされます。

考《かん》えてみよう

パートナーが心《こころ》から望《のぞ》んではいないことをさせようとする人《ひと》についてどう思《おも》いますか？
パートナーの気持《きも》ちをどれだけ大切《たいせつ》にしているか伝《つた》えるにはどのように言《い》えばいいと思《おも》いますか？

医療《いりょう》に関《かん》する合意《ごうい》

あなたが病院《びょういん》に行《い》って医者《いしゃ》に診《み》てもらうとしましょう。もしあなたが16歳以下《さいいか》で親《おや》といっしょだったとしても、医者《いしゃ》はあなたの体《からだ》についてあなたに直接話《ちょくせつはな》す必要《ひつよう》があります。あなたの健康《けんこう》についてあなたに質問《しつもん》し、どんな検査《けんさ》をするかあなたに説明《せつめい》する必要《ひつよう》があります。聴診器《ちょうしんき》で心臓《しんぞう》の音《おと》を聞《き》く時《とき》もあなたに了承《りょうしょう》を得《え》てからおこなうべきです。**医療《いりょう》に関《かん》する合意《ごうい》**は、それがどんな治療《ちりょう》であるかは関係《かんけい》なく、わたしたちすべての人《ひと》にあてはまる大事《だいじ》なことの一《ひと》つです。

法律《ほうりつ》では、それがどんな治療《ちりょう》であっても、医者《いしゃ》や看護師《かんごし》は事前《じぜん》に患者《かんじゃ》から合意《ごうい》を得《え》なくてはいけません。それは血液検査《けつえきけんさ》であっても、大《おお》きな手術《しゅじゅつ》であってもです。

手術《しゅじゅつ》をおこなう前《まえ》に、医者《いしゃ》は患者《かんじゃ》にその手術《しゅじゅつ》について説明《せつめい》します。なぜそれが必要《ひつよう》なのか、手術《しゅじゅつ》でなにがおこなわれるのかなどです。そして患者《かんじゃ》がほんとうに手術《しゅじゅつ》を望《のぞ》んでいるかどうかを確《たし》かめます。もし患者《かんじゃ》がその手術《しゅじゅつ》について正《ただ》しく理解《りかい》できて、合意《ごうい》すれば、実際《じっさい》に手術《しゅじゅつ》をおこなうことができます。

基本的《きほんてき》に一部《いちぶ》の例外《れいがい》をのぞいて、16歳《さい》以上《いじょう》になると自分《じぶん》の体《からだ》の治療《ちりょう》について自分《じぶん》で決《き》める権利《けんり》があります。16歳以下《さいいか》の子《こ》どもであっても、合意《ごうい》する能力《のうりょく》がないと自動的《どうてき》にみなされるわけではありません。

もし本人《ほんにん》に、合意《ごうい》するために十分《じゅうぶん》な能力《のうりょく》がありそれによってなにが起《お》こるのかきちんと理解《りかい》できると認《みと》められれば、16歳以《さいい》下《か》でも本人《ほんにん》が決《き》めることができます。とはいえ、ほとんどの場合《ばあい》には保護者《ほごしゃ》など彼《かれ》らに責任《せきにん》を持《も》っている大人《おとな》といっしょに決《き》めることになります。

FGM

もしかしたらニュースなどでFGMという言《こと》葉《ば》を聞《き》いたことがあるかもしれません。FGMとは女性器切除《じょせいきせつじょ》(Female Genital Mutilation)または女子割礼《じょしかつれい》の略《りゃく》で、よく「カット(切除《せつじょ》)」と呼《よ》ばれます。

これは女性《じょせい》の外性器《がいせいき》の一部《いちぶ》やすべてを切《き》り取《と》ることです。FGMは医療的《いりょうてき》な理由《りゆう》でおこなわれるのだと主張《しゅちょう》する人《ひと》も中《なか》にはいますが、それは間違《まちが》っています。イギリスを含《ふく》む多《おお》くの国《くに》でFGMは法律《ほうりつ》で禁止《きんし》されています。

FGMがおこなわれるのは若《わか》い女《おんな》の子《こ》で、合意《ごうい》するために必要《ひつよう》な情報《じょうほう》も与《あた》えられず、年齢《ねんれい》も合意《ごうい》をするには若《わか》すぎることがほとんどです。もし年齢《ねんれい》が十分《じゅうぶん》な場合《ばあい》でも、正《ただ》しい情報《じょうほう》を得《え》て自分《じぶん》で決断《けつだん》するのは難《むずか》しいという状況《じょうきょう》があります。それによってなにが起《お》こるのか、どんな危険《きけん》があるのかを知《し》るチャンスはほとんどなく、家族《かぞく》や地域《ちいき》のコミュニティから圧力《あつりょく》を受《う》けるからです。

FGMは女《おんな》の子《こ》や女性《じょせい》に身体的《しんたいてき》にも精神的《せいしんてき》にも大《おお》きなダメージを与《あた》えます。もしあなたやあなたの知《し》っている誰《だれ》かがFGMを受《う》けたり、受《う》ける可能性《かのうせい》がある場合《ばあい》には、先生《せんせい》や養護教諭《ようごきょうゆ》などに伝《つた》えてください。

他《ほか》の人《ひと》に知《し》られたくないことはきちんと秘密《ひみつ》にして、助《たす》けてくれる人《ひと》を紹介《しょうかい》してくれるはずです。FGMが法律《ほうりつ》で禁止《きんし》されていることや本人《ほんにん》のためにも良《よ》くないことをその家族《かぞく》に理解《りかい》してもらうために、専門家《せんもんか》がアドバイスをくれます。

※日本《にほん》には割礼《かつれい》の風習《ふうしゅう》がありませんが、アフリカやイギリスのアフリカ系《けい》コミュニティでは見《み》られます。

考《かんが》えてみよう

医療《いりょう》の合意《ごうい》に関《かん》して、16歳《さい》以下《いか》の子《こ》どもでも決定権《けっていけん》があることは公平《こうへい》だと思《おも》いますか？　それはなぜですか？ それが問題《もんだい》になることがあるとすれば、どんな時《とき》だと思《おも》いますか？

“エリトリアでは、女《おんな》の子《こ》は切除《せつじょ》を受《う》けることで、どこに行《い》っても恥《は》ずかしくない立派《りっぱ》な大人《おとな》の女性《じょせい》になって、良《よ》い結婚《けっこん》ができると考《かんが》えられています。もし切除《せつじょ》を受《う》けないと、1人《ひとり》の男性《だんせい》では満足《まんぞく》できず誰《だれ》とでも性行為《せいこうい》をするふしだらな女性《じょせい》になるというのです。この国《くに》ではほとんどの人《ひと》がこのように考《かんが》えていて、教育《きょういく》を受《う》けた一部《いちぶ》の人々《ひとびと》だけが切除《せつじょ》に反対《はんたい》しています”

ハダス（NSPCC、チャイルドラインのウェブサイトより）

わたしの考《かんが》える「合意《ごうい》」

ヒボ・ワーデア

ヒボ・ワーデアはカラフルな服《ふく》が大好《だいす》きな女性《じょせい》で、FGMに反対《はんたい》するキャンペーンをおこなっています。彼女《かのじょ》は若《わか》い時《とき》にFGMを経験《けいけん》し、いまはその経験《けいけん》を学校《がっこう》などで話《はな》す活動《かつどう》をしています。

FGMと合意《ごうい》

わたしは自分《じぶん》の育《そだ》ったコミュニティを誇《ほこ》りに思《おも》っています。そこには美《うつく》しいものがたくさんあります。しかしFGMはそうではないものの一《ひと》つです。わたしは自分《じぶん》が望《のぞ》んだわけではないのに、FGMを受《う》けました。FGMを受《う》けた人《ひと》のほとんどは、自分《じぶん》で選択《せんたく》することができませんでした。

FGMを受《う》けるほとんどの女《おんな》の子《こ》は、まだ若《わか》すぎてなにが起《お》こるのか理解《りかい》していません。ある程度《ていど》成長《せいちょう》してから受《う》ける人《ひと》もいますが、たいていは本人《ほんにん》の合意《ごうい》なしでおこなわれます。もしFGMがどういうことか理解《りかい》していたら、それを望《のぞ》む人《ひと》はいないでしょう。FGMには、イエスもノーも言《い》う権利《けんり》はありません。

合意《ごうい》はわたし達《たち》すべての人《ひと》にとって欠《か》かせないものです。もし合意《ごうい》に関《かん》する人々《ひとびと》の権利《けんり》を尊重《そんちょう》しなければ、FGMはこれからもなくならず、人々《ひとびと》を苦《くる》しめつづけるでしょう。

なぜFGMは悪《わる》いの？

FGMは、本人《ほんにん》の合意《ごうい》なしに体《からだ》の一部《いちぶ》を切《き》り取《と》るということです。わたしたちの体《からだ》のすべての部分《ぶぶん》は美《うつく》しく、大切《たいせつ》にされるべきものです。FGMは必要《ひつよう》だと考《かんが》える人《ひと》もいます。でもわたしは尋《たず》ねたい。「どうして女《おんな》の子《こ》はわざわざ切《き》り取《と》るものを持《も》って生《う》まれてきたのですか？　みんな生《う》まれたそのままの姿《すがた》で完璧《かんぺき》なのです」。

FGMの影響《えいきょう》

当然《とうぜん》のことながらFGMは大《おお》きな痛《いた》みをともないます。切除《せつじょ》をした時《とき》には大量《たいりょう》に出血《しゅっけつ》し、使《つか》った道具《どうぐ》によっては病気《びょうき》などに感染《かんせん》する可能性《かのうせい》もあります。

さらにFGMは大人《おとな》になっても続《つづ》くほど長期《ちょうき》にわたって身体的《しんたいてき》な問題《もんだい》を引《ひ》き起《お》こすこともあります。

痛《いた》み、感染《かんせん》、出血《しゅっけつ》の他《ほか》、トイレで用《よう》を足《た》す時《とき》や性行為《せいこうい》に問題《もんだい》が起《お》きたり、うつ病《びょう》など精神的《せいしんてき》な問題《もんだい》の原因《げんいん》にもなります。さらには不妊《ふにん》を引《ひ》き起《お》こしたり、出産《しゅっさん》が難《むずか》しくなる場合《ばあい》もあります。

FGMはさまざまな身体的《しんたいてき》ダメージだけでなく、精神面《せいしんめん》にも深刻《しんこく》な問題《もんだい》をもたらします。幸《しあわ》せを感《かん》じられなくなったり、誰《だれ》かに愛《あい》されていると感《かん》じられなくなったりする人《ひと》もいます。FGMは医療的《いりょうてき》な理由《りゆう》があると言《い》われることもありますが、実際《じっさい》は健康《けんこう》のためどころかなに一《ひと》つ良《よ》いことをもたらしません。

FGMが心配《しんぱい》な人《ひと》はどうしたらいい？

もしなにかが怖《こわ》いと感《かん》じたら、それには理由《りゆう》があります。もしなにかがあなたをいやな気持《きも》ちにさせたら、それには理由《りゆう》があります。誰《だれ》か信頼《しんらい》できる人《ひと》に話《はな》して助《たす》けを求《もと》めるように、あなたの脳《のう》があなたに知《し》らせているのです。

FGMはどこか遠《とお》い国《くに》で起《お》こっていることだと思《おも》っている人《ひと》もいます。でもこれはイギリスでも起《お》こっていることです。FGMは子《こ》どもへの**虐待《ぎゃくたい》**であり、そこには国《くに》も人種《じんしゅ》も肌《はだ》の色《いろ》も宗教《しゅうきょう》も関係《かんけい》ありません。もしあなたがFGMのことを心配《しんぱい》していたら、信頼《しんらい》できる人《ひと》に話《はな》してください。

“もしFGMがどういうことか理解《りかい》していたら、それを望《のぞ》む人《ひと》はいないでしょう”

合意《ごうい》と法《ほう》

イギリスには合意《ごうい》に関《かん》する法律《ほうりつ》があります。もしその法律《ほうりつ》を破《やぶ》れば、刑罰《けいばつ》を受《う》けることになります。

オンライン

もし誰《だれ》かがオンライン上《じょう》であなたを脅《おど》せば、それは犯罪行為《はんざいこうい》となることがあります。電話《でんわ》やインターネットを使《つか》って警告《けいこく》をしたり脅《おど》したりすれば、それは法《ほう》に反《はん》します。もし誰《だれ》かに脅《おど》された場合《ばあい》には、警察《けいさつ》に通報《つうほう》する必要《ひつよう》があります。

性行為《せいこうい》の合意《ごうい》

- 16歳以下《さいいか》と性的《せいてき》な行為《こうい》をおこなうことは犯罪《はんざい》です。
- 「同意年齢《どういねんれい》」という言葉《ことば》を聞《き》いたことがあるかもしれません。これは性行為《せいこうい》において法的《ほうてき》に合意《ごうい》（同意《どうい》）ができる年齢《ねんれい》のことです。イギリスでは16歳以下《さいいか》であれば合意できず、誰《だれ》であっても16歳以下《さいいか》と性行為《せいこうい》をおこなうと犯罪《はんざい》になります。16歳以上《さいいじょう》であれば、性行為《せいこうい》をおこなうかどうか、本人《ほんにん》が合意《ごうい》することが法的《ほうてき》に可能《かのう》になります。（※日本《にほん》の刑法《けいほう》では13歳《さい》とされている）
- 18歳以上《さいいじょう》と18歳以下《さいいか》の2人《ふたり》において、18歳以上《さいいじょう》のほうがもう一方《いっぽう》に対《たい》して信頼《しんらい》される地位《ちい》にある場合《ばあい》に（例《たと》えば先生《せんせい》やカウンセラーなど）性行為《せいこうい》をおこなうと犯罪《はんざい》になります。これは信頼《しんらい》のある関係性《かんけいせい》を壊《こわ》す行為《こうい》になるからです。
（※日本《にほん》でも淫行条例《いんこうじょうれい》など、大人《おとな》と子《こ》どもの性行為《せいこうい》を罰《ばっ》する法律《ほうりつ》がある）
- 16歳以下《さいいか》の子《こ》どもが性《せい》の対象《たいしょう》になるような写真《しゃしん》を撮《と》ることは犯罪《はんざい》になります。もしその子《こ》ども自身《じしん》が性《せい》の対象《たいしょう》にならなくても、性的《せいてき》な写真《しゃしん》の中《なか》に16歳以下《さいいか》の子《こ》どもが写《うつ》っていれば、それでも犯罪《はんざい》とみなされます。

医療《いりょう》に関《かん》する合意《ごうい》

合意《ごうい》が有効《ゆうこう》であるためには、決定《けってい》する能力《のうりょく》がある人《ひと》が、知《し》るべきことを理解《りかい》した上《うえ》で、誰《だれ》にも強制《きょうせい》されることなく自分《じぶん》で決《き》める必要《ひつよう》があります。これは「**ギリック能力《のうりょく》**」と言《い》われます。

もしギリック能力《のうりょく》を認《みと》められた16歳以下《さいいか》の子《こ》どもが治療《ちりょう》を拒《きょ》否《ひ》した場合《ばあい》で、それが命《いのち》の危険《きけん》をもたらすなど深刻《しんこく》な問題《もんだい》につながる場合《ばあい》には、裁判所《さいばんしょ》が子《こ》どもの決定《けってい》を取《と》り消《け》すことができます。16歳以下《さいいか》の子《こ》どもで自分《じぶん》の治療《ちりょう》に関《かん》して合意《ごうい》をおこなう**能力《のうりょく》**がない場合《ばあい》には、保護者《ほごしゃ》など、責任《せきにん》をもって面倒《めんどう》をみる人《ひと》が代《か》わりに合意《ごうい》をおこないます。

(※日本《にほん》ではまだ子《こ》どもの医療《いりょう》の合意年齢《ごういねんれい》について、法整備《ほうせいび》が進《すす》んでいない)

FGM

ガンビアなどのいくつかの国《くに》では、FGMは無期懲役《むきちょうえき》を含《ふく》む処罰《しょばつ》の対象《たいしょう》になります。イギリスでは2003年《ねん》にFGM法《ほう》というのができて、FGMをおこなったりそれを手伝《てつだ》ったり支援《しえん》したりすることは違法《いほう》になりました。最長《さいちょう》で14年《ねん》の懲役《ちょうえき》や罰金《ばっきん》、またはその両方《りょうほう》が科《か》せられます。2015年《ねん》には、18歳以下《さいいか》の子《こ》どもにFGMがおこなわれたケースを警察《けいさつ》に通報《つうほう》するための新《あたら》しい法律《ほうりつ》も導入《どうにゅう》されました。

“子《こ》ども達《たち》が希望《きぼう》のある世界《せかい》で生《い》きることほど尊《とうと》いものはありません。子《こ》ども達《たち》の権利《けんり》が尊重《そんちょう》され、幸《しあわ》せな生活《せいかつ》が守《まも》られ、恐怖《きょうふ》や貧困《ひんこん》から解放《かいほう》され、平和《へいわ》の中《なか》で育《そだ》つこと——。それを実現《じつげん》させることは、わたし達《たち》にとって最《もっと》も重要《じゅうよう》な義務《ぎむ》です”

コフィ・アナン、元国連事務総長《もとこくれんじむそうちょう》
(1997−2006年《ねん》)

わたしの考《かんが》える「合意《ごうい》」

ジャック・フレッチャー

ジャック・フレッチャーはジュニアドクターと呼《よ》ばれる新米《しんまい》の医者《いしゃ》です。若者達《わかものたち》に向《む》けて性《せい》に関《かん》する正《ただ》しい情報《じょうほう》やサポートを提供《ていきょう》する取《と》り組《く》みもおこなっていて、多《おお》くの学校《がっこう》を訪《おとず》れ思春期《ししゅんき》や性《せい》のこと、友達《ともだち》や恋愛《れんあい》などの良《よ》い人間関係《にんげんかんけい》について話《はな》しています。

ギリック能力《のうりょく》についてもう少《すこ》し詳《くわ》しく教《おし》えて！

ギリック能力《のうりょく》とは、16歳以下《さいいか》であっても自分《じぶん》のことを決《き》める**能力《のうりょく》**が十分《じゅうぶん》にあると認《みと》められれば本人《ほんにん》が合意《ごうい》の決定《けってい》をできるという考《かんが》えです。ふつう**医療《いりょう》に関《かん》する合意《ごうい》**は大人《おとな》が医者《いしゃ》と直接話《ちょくせつはな》したり、文章《ぶんしょう》に書《か》かれたり、もしくは行動《こうどう》にも表《あらわ》されます。

例《たと》えば採血《さいけつ》をする時《とき》に患者《かんじゃ》さんが自分《じぶん》から腕《うで》を出《だ》してきたら、血《ち》を採《と》ってもいいですと合意《ごうい》していることがわかります。生《い》きるか死《し》ぬかという時《とき》でない限《かぎ》り、誰《だれ》かを走《はし》って追《お》いかけて注射針《ちゅうしゃばり》を刺《さ》すなんてことはもちろんしません！　いつでもなにかする時《とき》は、まず本人《ほんにん》に確《たし》かめます。

しかしこれが子《こ》どもになると、法律《ほうりつ》によって16歳《さい》までは保護者《ほごしゃ》が責任《せきにん》を持《も》つということになっているので、その子《こ》ども本人《ほんにん》が治療《ちりょう》に関《かん》して選択《せんたく》したり決定《けってい》したりできるかどうかはあいまいなのです。しかしギリック能力《のうりょく》の考《かんが》えがあるため、16歳以下《さいいか》であっても、まずは本人《ほんにん》が自分自身《じぶんじしん》のために一番良《いちばんよ》い選択《せんたく》ができるかどうかを確認《かくにん》します。

もし彼《かれ》らがきちんと情報《じょうほう》を得《え》てなにが起《お》こるのかをしっかり理解《りかい》し、最良《さいりょう》の選択《せんたく》ができるのであれば、それは彼《かれ》ら本人《ほんにん》が合意《ごうい》をおこなう**能力**《のうりょく》が示《しめ》されたことになります。この場合《ばあい》には、それが16歳以下《さいいか》の子《こ》どもであっても自分《じぶん》の決定《けってい》をおこなえると考《かんが》えられます。

保護者《ほごしゃ》が合意《ごうい》を拒否《きょひ》したらどうなるの？

両親《りょうしん》や保護者《ほごしゃ》が、子《こ》どもが手術《しゅじゅつ》を受《う》けることを拒否《きょひ》したとしましょう。これはめったにないことですが、それでもまれに起《お》こりうることです。例《たと》えばその子《こ》どもの家族《かぞく》に宗教的理由《しゅうきょうてきりゆう》があった場合《ばあい》などです。もし医者《いしゃ》がその子《こ》どものために手術《しゅじゅつ》はどうしても必要《ひつよう》だと考《かんが》えた場合《ばあい》には、手術《しゅじゅつ》の許可《きょか》を得《え》るために裁判《さいばん》で決《き》めるということもできます。

医療《いりょう》に関《かん》する合意《ごうい》と他《ほか》の合意《ごうい》との違《ちが》い

合意《ごうい》の一番基本《いちばんきほん》のルールは、もしあなたがなにか少《すこ》しでもいやだと感《かん》じたら、相手《あいて》にやめるように言《い》うことです。しかし病院《びょういん》で医者《いしゃ》に診《み》てもらう時《とき》は、ふだんの生活《せいかつ》で基準《きじゅん》にしている感覚《かんかく》にはあてはまらないこともあるかもしれません。

例《たと》えば服《ふく》を脱《ぬ》いで体《からだ》のいろいろな場所《ばしょ》をさわられて調《しら》べられたら、ヘンな気分《きぶん》になるかもしれません。また例《たと》えば注射針《ちゅうしゃばり》を刺《さ》されて血《ち》を抜《ぬ》かれるのを好《す》きだという人《ひと》はめったにいないでしょう。ほとんどの人《ひと》は良《よ》い気持《きも》ちはしないし、痛《いた》くて苦痛《くつう》に感《かん》じることもあります（それがほんとうは想像《そうぞう》より痛《いた》くなかったとしても！）。

治療《ちりょう》が気持《きも》ち良《よ》いものではなかったり痛《いた》かったりしても、合意《ごうい》するのはそれが自分《じぶん》にとって一番《いちばん》良《よ》いと理解《りかい》しているからです。医者《いしゃ》はわたし達《たち》が良《よ》くなるように一生懸命《いっしょうけんめい》考《かんが》えて、なにが一番《いちばん》良《よ》い選択《せんたく》かアドバイスをくれます。その時《とき》の一瞬《いっしゅん》だけでなく、今後《こんご》のことを考《かんが》えて、わたし達《たち》が健康《けんこう》で幸《しあわ》せに過《す》ごせるようにするためです。

自分《じぶん》を診《み》てくれる医者《いしゃ》を信《しん》じて、もしなにか不安《ふあん》に感《かん》じたりいやな気持《きも》ちになることがあれば、どうしてそう感《かん》じるのか伝《つた》えましょう。医者《いしゃ》はみな合意《ごうい》に関《かん》してしっかり理解《りかい》しています。

あなたが良《よ》くなるように手助《てだす》けすることはもちろん、あなたが自分《じぶん》の体《からだ》について知《し》るべきことをちゃんと理解《りかい》できるようにして、不安《ふあん》をへらすことも医者《いしゃ》の役目《やくめ》です。

“誰《だれ》かを走《はし》って追《お》いかけて注射針《ちゅうしゃばり》を刺《さ》すなんてことはもちろんしません！”

もし合意《ごうい》しなかったら？

誰《だれ》かがわたし達《たち》の合意《ごうい》の権利《けんり》を奪《うば》ってしまう時《とき》があります。例《たと》えば、あなたが何度《なんど》もやめてと言《い》っているのにいつもハグしようとしてくる人《ひと》がいるかもしれません。あなたの**熱意《ねつい》ある合意《ごうい》**なしに、あなたがなにかをしたり、誰《だれ》かがあなたになにかをする権利《けんり》はありません。もし誰《だれ》かがそのようなことをしてきたら、あなたにはそれをやめてという権《けん》利《り》と、またそれをやめてもらうために誰《だれ》かに相談《そうだん》する権利《けんり》もあります。

誰《だれ》かが相手《あいて》の合意《ごうい》なしに性行為《せいこうい》などをおこなうことは性暴力《せいぼうりょく》であり、**性的虐待《せいてきぎゃくたい》**にもなります。それがどんな行為《こうい》であれ、誰《だれ》かに性的《せいてき》な行為《こうい》をおこなうことを説得《せっとく》されたり強要《きょうよう》されたりした場合《ばあい》、それは性暴力《せいぼうりょく》です。

被害者《ひがいしゃ》が断《ことわ》ることができる状態《じょうたい》だったとしても、相手《あいて》に無理矢理《むりやり》やらされたとしても、その人《ひと》をいやな気持《きも》ちにさせたり、傷《きず》付《つ》けたりすれば、それは性暴力《せいぼうりょく》なのです。子《こ》どもを性的《せいてき》な目的《もくてき》で触《さわ》ったり、子《こ》どもに自分《じぶん》を触《さわ》るように強要《きょうよう》したり、性的《せいてき》な画像《がぞう》を見《み》せたり、メールやオンライン上《じょう》などで性的《せいてき》な会話《かいわ》をさせることも性的虐待《せいてきぎゃくたい》になります。

このようなことが起《お》こっているというのはとてもショックなことですが、悲《かな》しいことにイギリスでは20人《にん》に1人《ひとり》がなんらかの性的虐待《せいてきぎゃくたい》を受《う》けています。**虐待《ぎゃくたい》**はその場《ば》だけでなく、その後《あと》にも深刻《しんこく》な問題《もんだい》をもたらします。

それが原因《げんいん》で食《た》べることや寝《ね》ることに問題《もんだい》を抱《かか》える人《ひと》もいます。怒《いか》りや恐怖《きょうふ》を感《かん》じたり、気持《きも》ちが落《お》ち込《こ》んだり、友達《ともだち》や家族《かぞく》との関《かん》係《けい》を壊《こわ》してしまう人《ひと》もいます。ゆううつな感《かん》情《じょう》や不安《ふあん》やその他《ほか》のさまざまな問題《もんだい》に、大人《おとな》になっても苦《くる》しみ続《つづ》けこともあります。

虐待《ぎゃくたい》や暴力《ぼうりょく》にどう対処《たいしょ》するか

あなたに覚《おぼ》えていてほしい大切《たいせつ》なことは、誰《だれ》かが心《こころ》や体《からだ》を傷付《きずつ》けられた時《とき》、それは決《けっ》して本人《ほんにん》のせいではないということです。起《お》こったことに対《たい》して、被害者《ひがいしゃ》が責められるということは決《けっ》してあってはなりません。その人《ひと》が心《こころ》から望《のぞ》んだことではなく、きちんと理解《りかい》した上《うえ》での合意《ごうい》でなければ、それは暴力《ぼうりょく》や虐待《ぎゃくたい》なのです。

誰《だれ》かを傷付《きずつ》ける人《ひと》は、被害者《ひがいしゃ》がそのことを他《ほか》の人《ひと》に話《はな》さないように脅《おど》すかもしれません。それは彼《かれ》らが、自分《じぶん》がやったことが悪《わる》いことであり、罪《つみ》になるなどなにか問題《もんだい》

になる可能性《かのうせい》があることをわかっているからです。黙《だま》っていることは加害者《かがいしゃ》を助《たす》けることにしかなりません。もし心《こころ》や体《からだ》を傷付《きずつ》けられた時《とき》には、すぐに誰《だれ》か信頼《しんらい》できる人《ひと》に話《はな》す必要《ひつよう》があります。両親《りょうしん》などの保護者《ほごしゃ》や、先生《せんせい》や、友達《ともだち》の両親《りょうしん》や、医者《いしゃ》や、警察《けいさつ》など、信頼《しんらい》できる大人《おとな》に話《はな》してください。そういったことを相談《そうだん》できる電話窓口《でんわまどぐち》もあります。

もし加害者《かがいしゃ》が、被害者《ひがいしゃ》の知《し》っている人《ひと》や、面倒《めんどう》を見《み》てくれる家族《かぞく》や、いつも良《よ》くしてくれている人《ひと》だとしたら、その人《ひと》になにかいやなことをされたということを誰《だれ》かに話《はな》すのは難《むずか》しいかもしれません。でもそれでも被害者《ひがいしゃ》を助《たす》けるためには、誰《だれ》かに話《はな》すことは絶対《ぜったい》に必要《ひつよう》です。それはまた別《べつ》の人《ひと》が同《おな》じように傷付《きずつ》かないようにするためにも、そしてその人本人《ひとほんにん》がそれ以上傷付《いじょうきずつ》かないようにするためにも大切《たいせつ》なことなのです。

心《こころ》や体《からだ》を傷付《きずつ》けられた人々《ひとびと》は、そこから立《た》ち直《なお》るために助《たす》けが必要《ひつよう》です。もし誰《だれ》かが足《あし》を折《お》ったら、病院《びょういん》で医者《いしゃ》に診《み》てもらうでしょう。心《こころ》がつらくなった時《とき》は、精神科《せいしんか》医《い》やカウンセラーなどに話《はな》を聞《き》いてもらうと、問題《もんだい》を解決《かいけつ》するのに役立《やくだ》ちます。

その問題《もんだい》についてしっかりと理解《りかい》している専門家《せんもんか》に話《はな》すことは、家族《かぞく》や友達《ともだち》に話《はな》すよりも話《はな》しやすいということもあるでしょう。カウンセラーなどの専門家《せんもんか》は、本人《ほんにん》だけでなく家族《かぞく》や友達《ともだち》などを守《まも》るにはどうしたら良《よ》いかということも含《ふく》めて、一番良《いちばんよ》い解決策《かいけつさく》を見《み》つける手助《てだす》けをしてくれます。

“心《こころ》や体《からだ》を傷付《きずつ》けられた経験《けいけん》を持《も》つ人達《ひとたち》が勇気《ゆうき》を出《だ》して誰《だれ》かに話《はな》すことによってはじめて、わたし達《たち》は彼《かれ》らの存在《そんざい》を知《し》ることができます。それを口《くち》に出《だ》して誰《だれ》かに話《はな》すことは決《けっ》して簡単《かんたん》なことではありません。彼《かれ》らが他《ほか》の人《ひと》と真実《しんじつ》を共有《きょうゆう》することによって、他《ほか》の人《ひと》も自分《じぶん》は１人《ひとり》ではないと知《し》ることができます”

ジャンヌ・マクエルヴァニー、
『治療《ちりょう》の洞察《どうさつ》——児童虐待《じどうぎゃくたい》の経験《けいけん》が大人《おとな》におよぼす影響《えいきょう》』

あなたはどう考《かんが》える？

この本《ほん》も終《お》わりにさしかかってきました。合意《ごうい》について、あなたはどのように考《かんが》えますか？
合意《ごうい》に関《かん》するとても大事《だいじ》なことや、問題《もんだい》はなんでしょうか？
これまでこの本《ほん》で考《かんが》えてきた疑問《ぎもん》にはこのようなものがありました。

● はじめに

- 合意《ごうい》という言葉《ことば》を聞《き》いたことがありますか？どのように使《つか》われるでしょうか？
- 合意《ごうい》について、あなたが知《し》りたいのはどんなことですか？

● 合意《ごうい》ってなに？

- 合意《ごうい》という言葉《ことば》を聞《き》いて、あなたはなにを思《おも》い浮《う》かべますか？
- 合意《ごうい》という言葉《ことば》で混乱《こんらん》することがあるのはどうしてだと思《おも》いますか？

● 合意《ごうい》を認識《にんしき》する

相手《あいて》が合意《ごうい》していること、または拒否《きょひ》していることに気付《きづ》くために**ボディランゲージ**は重要《じゅうよう》です。さまざまなボディランゲージの意味《いみ》を理解《りかい》できるようになるにはどうしたら良《よ》いでしょうか？　もし誰《だれ》かがノーと言《い》わなければ、それは合意《ごうい》したことになるのでしょうか？　もしあなたが誰《だれ》かに、なにかをしてくれるように頼《たの》んだ時《とき》、その相手《あいて》がなにも言《い》わなかったら、それは賛成《さんせい》したことになるのでしょうか？

● あなたの体《からだ》、あなたの選択《せんたく》

- **個人《こじん》の境界線《きょうかいせん》**を尊重《そんちょう》することはなぜ大切《たいせつ》なのでしょうか？
- 自分《じぶん》の気持《きも》ちを相手《あいて》に伝《つた》えられるようになることはなぜ必要《ひつよう》なのでしょうか？
- 一度《いちど》合意《ごうい》をした後《あと》に考《かんが》え直《なお》してその合意《ごうい》を拒否《きょひ》することは良《よ》いのでしょうか？

● 合意《ごうい》における圧力《あつりょく》

- なにかに合意《ごうい》する時《とき》、他《ほか》の人《ひと》から影響《えいきょう》を受《う》けることは悪《わる》いことでしょうか？
- いつも友達《ともだち》に、相手《あいて》がいやがることを無理矢理《むりやり》やらせようとしている人《ひと》がいたら、あなたならどのような言葉《ことば》をかけますか？
- もしなにかがおかしいと感《かん》じたら、それは悪《わる》いことでしょうか？

● 合意《ごうい》の種類《しゅるい》

- オンラインにおける合意《ごうい》のルール、SMARTルールを覚《おぼ》えていますか？
- なぜ**医療《いりょう》に関《かん》する合意《ごうい》**は、その治療《ちりょう》についてしっかり理解《りかい》できる人《ひと》のみ合意《ごうい》することができるのでしょうか？
- 誰《だれ》かと「付《つ》き合《あ》う」ことになれば、その誰《だれ》かは自動的《じどうてき》にあなたがやりたいことすべてに同意《どうい》したことになるのでしょうか？

合意《ごうい》が尊重《そんちょう》されない時《とき》はどうする？

- もし本人《ほんにん》が合意《ごうい》していたとしたら、それは暴力《ぼうりょく》にならないのでしょうか？
- もし心《こころ》や体《からだ》を傷付《きずつ》けられたら、どうするべきでしょうか？

合意《ごうい》について考《かんが》える

この本《ほん》を通《とお》してたくさんの疑問《ぎもん》について考《かんが》えてきましたが、最後《さいご》にもう少《すこ》しだけ考《かんが》えてほしい大切《たいせつ》なことがあります。性的《せいてき》な合意《ごうい》のように、あなたを傷付《きずつ》ける人《ひと》のことや合意《ごうい》の難《むずか》しい面《めん》についてよく考《かんが》えなければいけないのはなぜだと思《おも》いますか？　合意《ごうい》について話《はな》すことで、どのように人々《ひとびと》の行動《こうどう》を変《か》えられると思《おも》いますか？　もし学校《がっこう》で子《こ》ども達《たち》が合意《ごうい》について学《まな》ぶとして、その授業《じゅぎょう》をあなたが考《かんが》えるとしたら、あなたならどうしますか？　子《こ》ども達《たち》になにを話《はな》しますか？

わたし達《たち》になにができる？

これであなたは合意《ごうい》という言葉《ことば》の意味《いみ》も、それがどのように大切《たいせつ》なのかも理解《りかい》しました。あなた自身《じしん》が合意《ごうい》について他《ほか》の人に伝《つた》えることもできます。そのための方法《ほうほう》の一つは、あなたがどのように行動《こうどう》するか、他人《たにん》とどう接《せっ》するかに関《かか》わっています。誰《だれ》かがあなたに、あなたがいやなことをさせようとしてきた時《とき》、あなたは自信《じしん》を持《も》ってノーと言《い》えるはずです。

他人《たにん》に対《たい》しても、その人《ひと》がほんとうに合意《ごうい》しているのかどうか、前《まえ》よりよく考《かんが》えられるはずです。誰《だれ》かがいやなことに立《た》ち向《む》かうことをおそれていたら、あなたが立《た》ち上《あ》がることもできます。

合意《ごうい》についてただ話《はな》すだけでも意味《いみ》があります。友達《ともだち》や家族《かぞく》、学校《がっこう》の先生《せんせい》などと合《ごう》意《い》について議論《ぎろん》できるかもしれません。もしかしたらあなたが話《はな》すことによって、学《がっ》校《こう》でもっと合意《ごうい》について話《はな》し合《あ》うことにつながるかもしれません。1人《ひとり》でも多《おお》くの人《ひと》が合意《ごうい》について考《かんが》え、話《はな》すことができれば、それはたくさんの人《ひと》が自分《じぶん》の気持《きも》ちや望《のぞ》みを口《くち》に出《だ》して伝《つた》えるための力《ちから》につながります。そしてさらに多《おお》くの人《ひと》が、ほんとうの「イエス」を理解《りかい》し、相手《あいて》のことをもっとよく理解《りかい》できるようになるはずです。

用語集《ようごしゅう》

圧力《あつりょく》をかける：人《ひと》になにかをやらすために強《つよ》く説得《せっとく》したり、うまく言《い》いくるめようとしたり、または強制的《きょうせいてき》に無理矢理《むりやり》やらせようとすること。

医療《いりょう》に関《かん》する合意《ごうい》：手術《しゅじゅつ》など治療《ちりょう》や医療《いりょう》行為《こうい》をおこなうことに対《たい》する合意《ごうい》。

虐待《ぎゃくたい》：暴力《ぼうりょく》をふるったり、むごい扱《あつか》いをすること。

　とくにそれが定期的《ていきてき》に繰《く》り返《かえ》しおこなわれること。

キャンペーン：なんらかの目的《もくてき》のために宣《せん》伝活動《でんかつどう》をおこなったり、人々《ひとびと》に働《はたら》きかけたりすること。

交渉《こうしょう》：両方《りょうほう》が納得《なっとく》する解決策《かいけつさく》や決《き》めごとを見《み》つけるために話《はな》し合《あ》うこと。

個人《こじん》の境界線《きょうかいせん》：他人《たにん》が近《ちか》づいたりふれたりする時《とき》に、心地《ここち》よいと思《おも》うかそうでないか、その境界線《きょうかいせん》のこと。

コミュニケーション：考《かんが》えや感情《かんじょう》を表現《ひょうげん》したり、人々《ひとびと》になにかを伝《つた》えること。

ジェンダー：社会的《しゃかいてき》に作《つく》られた男女《だんじょ》のちがい。

自発的《じはつてき》な：自分《じぶん》の意思《いし》によって自分《じぶん》から進《すす》んでなにかをおこなうこと。

性的虐待《せいてきぎゃくたい》：それを望《のぞ》んでいない、または自《じ》分《ぶん》の意思《いし》で心《こころ》から合意《ごうい》ができない相手《あいて》と性的《せいてき》な行為《こうい》をおこなうこと。

性的《せいてき》な合意《ごうい》：自由《じゆう》な意思《いし》によって自分《じぶん》のことを決定《けってい》する能力《のうりょく》がある個人《こじん》が、心《こころ》から喜《よろこ》んで誰《だれ》かと性行為《せいこうい》やその他《ほか》の性的《せいてき》な活《かつ》動《どう》をおこなうこと。

認知症《にんちしょう》：脳《のう》に問題《もんだい》が生《しょう》じて、人《ひと》や自分《じぶん》のいる場所《ばしょ》を認識《にんしき》することが難《むずか》しくなったり、記憶《きおく》を失《うしな》ったりすること。

　たいていが歳《とし》を取《と》ることによって起《お》こる。

能力《のうりょく》：この本《ほん》では、与《あた》えられた情報《じょうほう》を正《ただ》しく理解《りかい》し自分《じぶん》の意思《いし》を決定《けってい》できる能力《のうりょく》を指《さ》す。

ボディランゲージ：気持《きも》ちや感情《かんじょう》を身《み》ぶり手《て》ぶりやポーズで表現《ひょうげん》すること。

わいせつな：不作法《ぶさほう》な、下品《げひん》な、いかがわしい、時《とき》に不快《ふかい》な気持《きも》ちを与《あた》えるもの。

索引《さくいん》

あ行《ぎょう》

あなたの体《からだ》　9, 16-17, 19, 21, 23, 33-34, 44
「イエス」と言《い》うこと　12-13, 36
医者《いしゃ》　21, 26, 34, 40-41, 43
いやな気《き》持《も》ち　9, 18, 22, 25, 37, 41-42
医療《いりょう》に関《かん》する合意《ごうい》　5, 30, 34-35, 39-41, 44, 46
インターネット　4, 29, 30-31, 38
うつ病《びょう》　20-21, 37
FGM（女性器切除《じょせいきせつじょ》／女子割礼《じょしかつれい》）　34-37, 39
オンライン上《じょう》の安全《あんぜん》　31
オンライン上《じょう》の情報《じょうほう》　30
オンライン上《じょう》のプライバシー設定《せってい》　29-30
オンラインの合意《ごうい》　5, 29-30, 44

か行《ぎょう》

カウンセラー　38, 43
看護師《かんごし》　34-35
キス　16, 19, 32
虐待《ぎゃくたい》　37, 42, 46
キャンペーン　8, 14, 22, 36, 46
ギリック能力《のうりょく》　39-40
結婚《けっこん》　4, 7
合意《ごうい》（同意《どうい》）の年齢《ねんれい》　38
個人《こじん》の境界線《きょうかいせん》　8-9, 12, 16, 18, 20, 22-23, 28, 44, 46
個人《こじん》の空間《くうかん》　8-9, 16, 18, 23
コミュニケーション　13, 46

さ行《ぎょう》

ジェンダー　14, 46
自信《じしん》　10-11
自発的《じはつてき》、自発性《じはつせい》　7, 46
障害《しょうがい》　20-23
食欲《しょくよく》の低下《ていか》　21
スピルズベリー, ルイーズ（Louise Spilsbury）　5, 10-11
性的虐待《せいてきぎゃくたい》　42, 46
性的《せいてき》な関係《かんけい》　14, 42
性的《せいてき》な合意《ごうい》　5, 30, 32-33, 38, 45-46
性暴力《せいぼうりょく》　33, 42
選択《せんたく》　16, 21, 24, 26, 28, 36, 40
ソーシャルメディア　28-30

た行《ぎょう》

たばこ　24-25
デート　19, 32
トッド, ザラ（Zara Todd）　5, 22-23
友達《ともだち》　9, 26-27

な行《ぎょう》

ネジャティ, ヤズ（Yas Necati）　5, 8-9
熱意《ねつい》ある合意《ごうい》　6, 12-13, 27, 42
能力《のうりょく》　7, 33-34, 39-41, 46
「ノー」と言《い》うこと　5, 9, 14, 17, 19, 33, 36, 44-45

は行《ぎょう》

ハグ　9, 12-13, 16-17, 19-20, 32, 42
バートレット, デイヴィッド（David Bartlett）　5, 14-15
ピニー, アリス（Alice Pinney）　28-29
不安《ふあん》　25-26, 41
プレッシャー（圧力《あつりょく》）　11, 14, 24-27, 35, 44, 46
フレッチャー, ジャック（Jack Fletcher）　40-41
法律《ほうりつ》　21, 33-35, 38-39
保護者《ほごしゃ》（両親《りょうしん》）　4, 24, 31, 34, 39-41, 43
ボディランゲージ　13, 44, 46

や〜わ行《ぎょう》

優《やさ》しく　10-11, 28-29
ワーデア, ヒボ（Hibo Wardere）　36-37

【著者】

ルイーズ・スピルズベリー *Louise Spilsbury*

作家。イギリスのデヴォン在住。大学で女性文学の修士号を取得し、教育書の出版にたずさわったのち、作家として活動。科学や地理、時事問題、歴史、芸術など幅広いテーマで、200冊を超える子ども向けの本を手がけている。著書には『今、世界はあぶないのか？ 争いと戦争』、『今、世界はあぶないのか？ 貧困と飢餓』、『今、世界はあぶないのか？ 差別と偏見』（評論社）や、*Tales of Invention*シリーズ、*Young Explorer*シリーズなどがある。

ヤズ・ネジャティ *Yas Necati*

作家、活動家、編集者。ロンドンを拠点に活動。英デイリー・テレグラフ紙とともに学校におけるよりよい性教育のためのキャンペーン*the Campaign4Consent*を立ち上げる。女の子や女性への暴力の問題に取り組むキャンペーン*No More Page 3*でも活動。英インディペンデント紙などにも寄稿するほか、ブログやtwitterなどのSNSでも積極的に発信している。

【訳者】

小島亜佳莉 *KOJIMA Akari*

1991年福井県生まれ。龍谷大学国際文化学科卒、英サセックス大学国際関係学修士課程修了。編集者として出版社勤務。

企画編集　太田明日香
装丁造本　寺村隆史
イラストレーション　坂本伊久子

国際化《こくさいか》の時代《じだい》に生《い》きるためのQ&A ④
合意《ごうい》ってなに？ なぜだいじなの？

2018年11月10日第1版第1刷　発行

著　者　ルイーズ・スピルズベリー、ヤズ・ネジャティ
訳　者　小島亜佳莉
発行者　矢部敬一
発行所　株式会社 創元社
http://www.sogensha.co.jp/
本社　〒541-0047 大阪市中央区淡路町4-3-6
Tel.06-6231-9010 Fax.06-6233-3111
東京支店　〒101-0051 東京都千代田区神田神保町1-2田辺ビル
Tel.03-6811-0662
印刷所　図書印刷株式会社

ISBN978-4-422-36007-2 C0336